LA COCHINCHINE FRANÇAISE

LA VIE A SAÏGON

NOTES DE VOYAGE

Par M. A. PETITON,

Ex Ingénieur, Chef du service des Mines en Cochinchine.

Conférence faite devant la Société de Géographie de Lille, le 3 mars 1883.

LILLE
IMPRIMERIE L. DANEL
1883.

LA COCHINCHINE FRANÇAISE

LA VIE A SAÏGON

NOTES DE VOYAGE

Par M. A. PETITON,

Ex Ingénieur, Chef du service des Mines en Cochinchine.

Conférence faite devant la Société de Géographie de Lille, le 3 mars 1883

LILLE
IMPRIMERIE L. DANEL
1883.

LA COCHINCHINE FRANÇAISE

La vie à Saïgon

NOTES DE VOYAGE

Par M. A. PETITON,
Ex Ingénieur Chef du service des Mines en Cochinchine.
Conférence faite devant la Société de Géographie de Lille, le 8 mars 1883.

PRÉFACE.

Appelé dans le courant de décembre 1882 et de mars 1883 à l'honneur de faire des conférences sur l'Indo-Chine à la Société de Géographie de l'arrondissement de Lille, j'ai puisé les sujets de ces conférences dans les notes que j'avais recueillies pendant mon long séjour en Cochinchine (Années 1869 et 1870). L'accueil bienveillant et sympathique de mes nombreux auditeurs m'a fait penser qu'il con venait de reproduire ici dans son entier les notes que j'avais réunies sous la rubrique : *Saïgon à vol d'oiseau en l'année de grâce 1869*.

Depuis mon séjour en Cochinchine Saïgon a vu le nombre de ses habitations augmenter d'une façon considérable.

Certaines modifications et améliorations importantes se sont produites dans l'administration de notre grande colonie de l'Extrême Orient. Il y a eu beaucoup de progrès accomplis dans cet ordre d'idées, progrès que nous avons appelés de toutes les forces de nos convictions et de notre patriotisme. — Mais la population et les mœurs de notre colonie n'ont pas changé et nous avons la ferme croyance que tous ceux qui ont connu la Cochinchine la reconnaîtront dans l'article qui suit, dont le mérite principal est d'être la reproduction fidèle de ce que l'auteur vu et observé sur place. — L'étude proprement dite : *Saïgon à vol d'oiseau*, est précédée de quelques considérations générales sur la constitution géologique et sur les principales divisions de la Cochinchine française. L'auteur ne pouvait pas, en terminant son travail sur la Cochinchine, ne pas dire quelques mots de la question du Tonquin qui intéresse à un si haut point notre grande colonie de l'Extrême Orient.

———

J'ai souffert trop cruellement en Cochinchine pour ne pas aimer profondément ce pays.

M. le Vice-Amiral de la Grandière, gouverneur en 1868 de la Cochinchine française, était un homme d'initiative et d'intelligence. Sous ses auspices s'était organisée la grande mission de reconnaissance du Mékong à la tête de laquelle était M. Doudart de Lagrée assisté de MM. Francis Garnier, de Carné, etc, morts depuis. Saluons en passant ces victimes de l'amour de leur pays, ces victimes de la science ! L'expédition du Mékong avait donné bien des indications utiles au point de vue de nos connaissances géographiques et au point de vue des richesses du sol de pays inconnus jusque-là.

C'est à la suite de cette exploration que M. de la Grandière désira avoir avec lui en Cochinchine un ingénieur des mines qui fût à la fois un géologue et un praticien.

Cet ingénieur devait faire différentes études géologiques et minières sur le continent de l'Indo Chine. Il devait en outre explorer et étudier au double point de vue précité, l'île de Phu Quoc (Golfe de Siam), l'île de Hainan (Golfe de Tonquin), l'île de Formose, etc.

J'étais alors ingénieur aux mines de la Grand'Combe, dans le département du Gard, M. le Ministre de la Marine me proposa d'accomplir cette mission. J'acceptai et je partis en octobre 1868 pour la Cochinchine, fier de servir mon pays, rempli d'un dévouement absolu à ses intérêts, désirant faire quelque chose d'utile pour la prospérité et pour l'extension de notre influence nécessaire et légitime à l'extérieur.

J'ai toujours pensé qu'il était absolument indispensable pour notre pays de pousser ses nombreux enfants qui s'étouffent les uns les autres et végètent en France, à aller s'établir en dehors de la métropole, dans nos colonies de préférence.

Malheureusement pour moi M. de la Grandière ne devait jamais revoir la Cochinchine. Il mourut des suites de son séjour prolongé dans ce pays et je trouvai en arrivant à Saïgon un Gouverneur intérimaire qui ne resta que peu de temps, alla mourir en France et fut remplacé par un Gouverneur qui avait des idées diamétralement opposées à celles de M. de la Grandière. Au lieu de me renvoyer immédiatement en France, comme il aurait du le faire, puisqu'il ne voulait pas encourager les études géologiques prescrites par son prédécesseur, il me garda en ne me donnant que des moyens d'actions insuffisants.

Quoi qu'il en soit je continuai mes études géologiques, souvent à mes frais, jusqu'à ce que M. le Contre-Amiral-Gouverneur me fit partir au retour de mon dernier voyage dans le Cambodge et dans le Siam, le 10 juillet 1870. Je débarquai en France, le 31 août 1870, complètement épuisé par l'anémie et par la fièvre. Je fus mis en congé de convalescence avec ma solde entière. Trois jours après mon débarquement, Sedan étant arrivé, je pensai que les malades eux-mêmes devaient mettre à la disposition de leur pays le peu de sang qui leur restait dans les veines; Je partis pour la guerre. A la paix il me fallut bien des mois pour rétablir ma santé doublement épuisée. Je devais me créer une situation qui me permit de faire les sacrifices d'argent que représente une longue étude comme celle que j'ai entreprise sur la géologie de la Cochinchine. J'étais navré de ne pouvoir exécuter le travail scientifique que je me proposais de faire sur la collection d'un millier d'échantillons géologiques que j'avais rapportés de la Cochinchine, après avoir laissé un double de cette collection à Saïgon. Enfin en 1881, je me suis décidé à commencer la longue étude géologique de la Cochinchine Française, travail que je viens de terminer.

Il était absolument indispensable d'expliquer comment j'ai été obligé d'attendre si longtemps avant de faire ce que j'avais tant à cœur d'exécuter.

Pour ne pas répéter ce que j'ai eu l'occasion de dire sur la géologie de l'Indo-Chine, à la Rochelle notamment, dans la session de l'année 1882 de l'Association française pour l'avancement des sciences, je ne ferai qu'un court résumé de la géologie de la Cochinchine.

Ma communication a été reproduite *in extenso* dans les comptes rendus de l'Association française (Année 1882) avec une réduction de ma carte géologique d'ensemble de la Cochinchine. Cette carte fait partie de mon travail sur la géologie de la Cochinchine, travail qui plus de deux cents pages de texte et que M. le Gouverneur de notre colonie a promis de faire imprimer aux frais du budget colonial. Quand cet heureux jour viendra-t-il ? Ce sont des archives précieuses pour la Cochinchine, j'ose le dire, et qui éviteront bien des fatigues et bien des dangers aux Ingénieurs qui viendront faire des études de détail dans l'Extrême-Orient.

Lacs, Fleuves, grandes divisions géologiques de la Cochinchine, du Cambodge, du Siam.

Le premier point qui frappe la vue du voyageur quand il arrive en Cochinchine est le phare du Cap St-Jacques construit sur une montagne faisant partie du groupe des montagnes de Baria, — Les montagnes de Baria sont les seules que l'on voit et qui s'élèvent au-dessus du niveau des terrains marécageux qui s'étendent sur toute la Basse Cochinchine au Sud d'une ligne allant de l'Est à l'Ouest, depuis, à l'Est sur la côte Est de la Cochinchine française le fleuve Le Donnai qui reçoit en aval de Saïgon la rivière de Saïgon, jusqu'au Rach-Gia sur la cote Ouest.

Le terrain est bas, plat, marécageux recouvert de palétuviers. Toute sa surface est formée par des alluvions modernes amenées par les énormes cours d'eau qui arrosent la Cochinchine française.

Le premier de ces fleuves est le Mékong de plusieurs centaines de lieues de développement qui parcourt l'Indo-Chine sensiblement du Nord-Ouest au Sud-Est. — Ce fleuve immense passe à Pnom Penh (Capitale du Cambodge). Là il se divise en deux branches, le fleuve Antérieur et le fleuve Postérieur, qui se subdivisent dans la Basse Cochinchine en une multitude de branches formant l'immense Delta qui s'étend de Soctran au Sud-Ouest à Gocong au Nord-Est. Le débit de ce fleuve est énorme, la section totale de ces différentes branches est de plus de vingt-cinq kilomètres. Le Mékong roule une quantité considérable de vase et de sable en suspension et ses dépôts qui durent depuis des milliers d'années ainsi que les dépôts provenant des autres fleuves ont certainement, avec l'action combinée du flux et du reflux de la mer, donné le relief actuel des côtes de la presqu'île formée par le Donnaï l'Est, le Rach-Gia à l'Ouest, la pointe de Camao au Sud.

A Pnom-Penh un fleuve le Tonlé Sap réunit le Mékong à la petite mer intérieure formée par les deux lacs le Camnan Tieu et le Camnan Daï.

Cette mer intérieure d'une grande étendue avait autrefois une superficie bien plus considérable encore et baignait très probablement les murs de l'ancienne ville d'Angcor-Thom qui se trouvent éloignés de ses rives actuelles de plusieurs kilomètres. Le Tonlé Sap coule tantôt dans les grands lacs, en y amenant les eaux et les dépôts du Mékong lorsque la période des crues formidables et prolongées de ce fleuve se produit, tantôt au contraire il déverse les eaux des grands lacs dans le Mékong, quand le niveau du fleuve a baissé.

Les dépôts limoneux considérables qui se produisent d'une façon permanente dans la mer intérieure, ainsi que l'évaporation active des eaux qui a lieu constamment (l'eau ayant quelque fois jusqu'à 34° de température) ont profondément modifié, en la diminuant, l'étendue de la mer intérieure. — D'un autre côté la Basse-Cochinchine créée par les alluvions du Mékong devait, au lieu de présenter les contours de la presqu'île actuelle terminée par la pointe de Camao, former autrefois un golfe profond pénétrant au Nord de la ligne du Rach-Gia au Cap St-Jacques et se rapprochant de la mer intérieure qui elle-même devait s'étendre jusqu'aux environs de Pnom-Penh.

Les autres fleuves de la Cochinchine qui sont également très importants, mais dont les parcours ne se comptent que par centaines de kilomètres, tandis que le parcours du Mékong se chiffre par milliers sont les deux Vaïcos ; l'Oriental et l'Occidental, et enfin le Domaï qui a comme tributaire la rivière de Saïgon.

Tous ces fleuves y compris les nombreuses embouchures du Mékong déversent leurs eaux et leurs dépôts sur la côte Est de la Cochinchine Française depuis Soctran jusqu'au Cap Saint-Jacques et augmentent tous les jours la surface de la presqu'île de notre colonie, comme il a été dit précédemment.

Si l'on jette les yeux sur la carte géologique de la Cochinchine Française dressée par l'auteur, on reconnaît immédiatement les principales divisions des terrains de notre Colonie, ainsi que les itinéraires des voyages de l'auteur dans le Cambodge et dans le Siam.

On distingue à première vue deux vastes espaces couverts de marais et de forêts, occupant la partie centrale et l'extrémité

Sud de la Cochinchine Française. Trois grands groupes de montagnes formées de roches à structure granitoïde frappent également l'attention : l'un s'étend vers le Nord-Est de la Cochinchine Française et se compose des montagnes de Baria, de Bienhoà, de Long-Than, etc.; le second groupe se prolonge au Nord et est formé par la chaîne de montagne de Tay-ninh ou Dinh-Bà ; le troisième occupe le Nord-Ouest de la Cochinchine Française, et comprend les montagnes qui ont fait éruption entre Chaudoc, Hâtien, Le Rach-Gia et et Longuyen.

Ces trois groupes ont une importance considérable et donnent à la contrée son relief et sa physionomie générale. C'est dans le voisinage du premier groupe qu'on peut étudier les terrains sédimentaires de Bienhoa et de Long-than. De grands massifs de grès environnent le second groupe.

En parcourant le troisième, on rencontre les lambeaux de grès du massif de Tinh-Bien et les terrains anciens d'Hâtien, composés d'une formation puissante de roches argilo-siliceuses, de quartzites, de schistes, et comprenant également un lambeau de calcaire dans le Sud de la province d'Hâtien. Les calcaires anciens acquièrent une grande épaisseur et couvrent des étendues considérables au Nord de la province d'Hâtien et dans le Cambodge ; ils sont antérieurs, ainsi que les schistes argilo-siliceux qui les accompagnent, aux épaisses couches de grès qui existent dans le Cambodge dans les montagnes de l'éléphant au Nord-Ouest d'Hâtien. Les grès occupent dans cette région, d'immenses surfaces ; ils constituent presque entièrement l'île Phu-Quoc dans le golfe de Siam, et se prolongent, sur le continent, dans le Cambodge et dans le royaume de Siam où ils forment, à deux cents kilomètres au Nord des montagnes de l'Eléphant, une grande chaîne de montagnes dirigée sensiblement Est Ouest. Je l'ai suivie et étudiée sur un parcours de plus de 120 kilomètres, au milieu de forêts vierges, malsaines et souvent impraticables.

Il reste à exécuter bien des études de détails qui nous feront connaître ce qu'on doit penser des mines d'or et de minerais de fer de la province de Bienhoa, des mines d'argent de la province d'Hâtien, de Lignites de l'île de Phu-Quoc, des phosphates de chaux que j'ai découverts dans la province d'Hâtien, des sables aurifères du fleuve Le Mékong, etc...

SAIGON A VOL D'OISEAU

EN L'ANNÉE 1869.

PREMIÈRE PARTIE. — ÉTUDES DE MŒURS.

DEUXIÈME PARTIE. — PRÉPARATIFS D'UN VOYAGE DANS L'INTÉRIEUR DE LA COCHINCHINE. — DESCRIPTION DE LA BONZERIE DE LA MONTAGNE DE TAYNINH. — PRINCIPAUX OBJETS A ACHETER SUR LE MARCHÉ DE SAIGON. — LA QUESTION DU TONQUIN.

INTRODUCTION.

Ce cahier, composé à plusieurs reprises, à cause de l'état perpétuel de malaise de l'auteur, contient des notes écrites primitivement pour quelques personnes amies dans le but de faire comprendre en France où on n'en peut avoir aucune idée, le monde des rues et la vie en Cochinchine, notamment à Saïgon afin de faire voyager le lecteur, *pour ainsi dire avec l'auteur.*

Il est très difficile d'intéresser les Français quand on ne parle pas de faits se passant en France même. Dans notre pays, l'indifférence la plus grande règne, en général, pour tout ce qui existe en dehors *de notre vieille patrie.*

Si vous présentez un livre très long, très soigné, très étudié, hérissé de chiffres, vous effraierez ou plutôt vous ennuierez, *pardonnez-moi l'expression; n'est-elle pas juste, et quelle autre employer?* Vous fatiguerez, si vous le préférez, votre lecteur qui jettera dans un baillement final votre livre loin de lui. Est-ce là le but que l'auteur désirait atteindre; Non évidemment. L'auteur venu en Cochinchine plein de zèle et de dévouement pour son pays n'a trouvé que déception; la coupe d'amertume a été pleine pour lui et il s'y est abreuvé à longs traits. S'il s'était vulgairement laissé influencer par ces misères, il aurait été disposé par une pente toute naturelle de l'esprit humain à trouver tout mal en Cochinchine et à décrier, autant que possible, la colonie. Heureusement il n'en a rien été.

Dans la faible limite de ses moyens, l'auteur désirerait attirer l'attention de ses compatriotes sur ce pays ; la France ne se doute pas de ce que c'est que la Cochinchine.

C'est un pays des plus intéressants.

Une nation pratique comme nous devons souhaiter de tous nos vœux que la nation française le devienne, ferait évidemment beaucoup dans un pays comme celui-là.

Il ne manque pas en France d'honnêtes gens au cœur droit, à l'esprit juste, à la volonté ferme qui pourraient rendre les plus grands services dans nos colonies, si on savait les utiliser, au lieu de les dégoûter d'aller s'y établir.

ASPECT GÉNÉRAL DE LA COCHINCHINE.

L'aspect de la Cochinchine, lorsqu'on arrive par la mer, près du Cap St-Jacques, frappe de tristesse. Cela tient évidemment à différentes causes indépendantes probablement du pays en lui-même ; toutefois, je crois que le peu d'élévation des côtes est pour beaucoup dans cette première impression ; la terre semble fuir devant le passager épuisé par un long voyage. A l'exception du petit massif montagneux du Cap St-Jacques et du grand massif de Baria sur la droite, on ne voit qu'un terrain bas, uni, marécageux, qu'on distingue à peine de la mer.

La remontée de la rivière jusqu'à Saïgon ne contribue pas à diminuer ce sentiment de tristesse par la monotonie des bords du fleuve couverts de palétuviers. Il n'y a donc pas de terre dans ce pays, toute sa surface est donc un marais? Telle est la réflexion qu'on est tenté de faire. Lorsqu'on arrive à Saïgon, la première question qu'on pose est : où est la ville? J'ai demandé sérieusement de quel côté de la rivière elle était. Je dois le dire, et je ne suis pas le seul à avoir ressenti cette impression, le premier aspect de Saïgon m'a paru lugubre. A part quelques grandes constructions : le grand bâtiment des Messageries nationales, la célèbre maison Wang-taï, et quatre ou cinq cafés sur les quais, on ne voit pas grand chose.

Nous étions mouillés en face de l'Arsenal, c'est-à-dire au-delà de la ville.

Je débarquai par une petite pluie fine, et par un ciel gris couvert, je longeai les magasins de la Marine le long du quai jusqu'à la place du rond-point.

Saïgon ne me fit pas l'effet d'une ville, mais d'un traçage de ville.

Effectivement, je ne me trompais pas, car l'officier français, qui en a fait le plan, ayant une confiance illimitée dans l'avenir de la colonie, a exécuté le tracé de la capitale de la Cochinchine pour une population future de 500,000 âmes.

Aussi Saïgon a-t-il plusieurs kilomètres d'étendue, sur un espace uni sensiblement, et marécageux. On a tiré de grandes lignes faisant un angle de 45° environ avec la direction de la rivière, puis une série d'autres lignes perpendiculaires recoupant les autres ; et la ville a été tracée.

Un certain nombre de Caïnhas sont sorties de la vase. La Caïnha est cette horrible construction empruntée aux Annamites, au toit surbaissé, aux tuiles brûlantes qui vous renvoient la chaleur du soleil, en la concentrant sur vos têtes.

Les Annamites avaient au moins le bon sens de se servir de paillotes grises au lieu de tuiles rouges.

Au centre de ces Caïnhas, on a bâti le palais du Gouverneur, sorte de bâtiment provisoire en bois, avec une grande salle de réception, en forme de grange.

Du reste, je trouve parfaitement suffisant ce bâtiment pour la colonie, actuellement du moins.

Depuis, et à grands renforts d'argent, on a construit le bâtiment des Messageries qui est séparé de Saïgon par l'Arroyo chinois.

Un chinois connu de tout Saïgon, Wang-Taï a bâti presque à l'angle de l'Arroyo chinois et du grand Arroyo, une grande maison à portique dite maison Wang-Taï ; c'est pour ainsi dire le centre de Saïgon.

Cette maison a deux étages avec vérandas, elle contient la Mairie, le logement du maire, qui était le fonctionnaire le mieux logé de tout Saïgon, un poste de police central, le bureau de la police secrète (nouvelle institution créée à Saïgon). Le grand cercle, comptant presque tous les fonctionnaires et officiers de Marine de Saïgon, quelques officiers, en petit nombre, de l'infanterie de Marine ; fort peu de négociants.

Les négociants ont le cercle du Commerce qui est moins important que le premier.

Presque tout le premier étage de la maison faisant face à l'arroyo est occupé par le cercle. Le soir on voit les fenêtres éclairées ; les habitués du cercle jouent ou se promènent en fumant sur la véranda ; c'est à peu près le seul point de la ville où la nuit arrivée, on voit quelques Européens.

A l'angle de la maison Wang-Taï, commence un canal de quelques centaines de mètres de longueur, perpendiculaire à l'Arroyo. Ce canal que j'avais surnommé le canal de Suez parce que, comme ce dernier il ne finissait pas vite, va être terminé prochainement.

Il aura coûté cher ; fait en pleine vase, il a fallu enfoncer pilotis sur pilotis, avant de pouvoir en maçonner les parois. Je suppose qu'on attache une grande importance à l'achèvement de ce canal pour le débarquement des marchandises que les différents bateaux annamites amèneront.

J'aurais été fort heureux de connaître les considérants qui ont motivé l'exécution de ce travail qui a mené loin comme argent, et qui je le crains à cause de son envasement constant ne rendra probablement pas les services qu'on serait en droit d'en attendre.

Ce canal est appelé, Canal Rigault de Genouilly. (M. Rigault de Genouilly, Ministre de la Marine est un de nos premiers *Cochinchinois*); il est bordé à droite, en le remontant, par des maisons d'Européens, et par quelques maisons de chinois et de malabars, à gauche par des maisons de chinois, par le marché et par d'autres boutiques de chinois. Le canal s'arrête au niveau de l'église.

Le prolongement du canal a été remblayé imparfaitement, et forme une espèce de place rectangulaire plus ou moins marécageuse bordée de maisons !

Sur le côté gauche du prolongement du canal, se trouve un jeu de Bowling banal.

Sur le côté droit du canal se trouve un autre Bowling, appartenant à des particuliers.

Quelques notices sur le Bowling pour ne pas y revenir. Le Bowling se joue principalement dans les colonies anglaises. C'est un jeu de quilles perfectionné auquel on se livre le soir.

Dans un grand hangar, sorte de boyau rectangulaire de 4 mètres environ de largeur se trouvent deux planchers parallèles parfaitement unis, parfaitement cirés, munis à droite et à gauche d'une rigole, les joueurs sont à une extrémité des planchers, des *boys servants* dressent des quilles à l'autre extrémité ; il faut abattre ces quilles avec des boules énormes, qu'on ne peut jeter qu'avec les deux mains ; il ne faut pas faire ce que l'on appelle *lobber*, c'est-à-dire les jeter en l'air en *plombant* (terme de jeu de boules).

La boule roule avec rapidité, et va jeter le ravage dans les quilles. Si le joueur n'a pas de chance ou d'adresse, à votre choix, la boule quitte le plancher, et continue innocemment sa promenade dans la rigole.

Les petits gamins renvoient les boules dans une sorte de rigole maintenue en l'air dans l'intervalle existant entre les deux planchers, cette rigole a une pente de retour convenable. En même temps ils font tourner une sorte de grande lanterne polygonale en verre avec des numéros indiquant le succès du joueur ; le tout est éclairé à l'huile de coco ; la scène se passe au milieu du roulement des boules, du cliquetis des quilles renversées et de l'hilarité bruyante des jeunes allemands et anglais habitués du lieu qui trouvent ce divertissement sudorifique tout-à-fait de leur goût.

Église. — Que dirai-je de l'Église ? Rien. C'est une Église provisoire ; la partie de la nef centrale la plus rapprochée du chœur est réservée aux Européens, elle est munie de chaises. Le reste a des bancs en bois. La cloche de l'Église est montée sur un chassis. En dehors du bâtiment, non loin de l'Église est le presbytère qui, je crois, est la propriété particulière du curé.

On s'occupe de construire une cathédrale près du nouveau palais du gouvernement, ainsi qu'un évêché pour l'Évêque, vieillard respectable habitant depuis près de 30 ans l'Indo-Chine. Si on veut qu'il profite de cette bonne intention administrative, qu'on se hâte, comme il le disait, car il n'a pas le temps d'attendre.

Si, partant du prolongement du canal, on se rend au palais du gouvernement, on rencontre deux ou trois grandes maisons européennes, la maison du Directeur de l'Intérieur, la Direction de l'Intérieur, le Trésor, la Poste, la maison du Général, enfin le Palais du Gouverneur.

Les casernes de l'Infanterie de Marine situées dans l'ancien camps des lettres, l'hôpital, la caserne de l'Artillerie sont dans le voisinage ; rien à en dire, si ce n'est que les malades sont à peu près aussi mal à l'hôpital que les soldats dans les casernes. Il est déplorable que le premier argent à dépenser ne soit pas employé à améliorer cet état de chose. Pour être juste, je dois dire qu'on construit un hôpital pour les officiers. Nous n'en sommes pas à apprendre au public que notre colonie a trois établissements principaux, à fonctionnement permanent : une caserne, un hôpital et un cimetière.

Si je continue mon chemin par la rue Isabelle II, jusqu'au jardin botanique, je rencontre le bâtiment de la Sainte-Enfance, tenue par les sœurs de l'ordre de Saint-Paul de Chartres, qui est le seul ordre de femmes existant en Cochinchine. N'oublions pas de signaler toutefois qu'il y a un couvent de cinq religieuses carmélites, ce couvent est à côté de la Sainte-Enfance.

A la Sainte-Enfance on s'occupe de l'éducation d'un certain nombre de petits orphelins.

La chapelle de la Sainte-Enfance est surmontée d'un clocher remarquable pour le pays ; on voit de loin la flèche du susdit clocher longtemps avant d'arriver à Saïgon.

Plus bas auprès de l'arroyo sont les bâtiments en construction de l'Arsenal, plus haut le collège du Séminaire, et un peu plus loin, tout près du jardin botanique, l'école des frères, dit collège d'Adram ; enfin le jardin botanique situé entre l'arsenal et les magasins généraux de la Marine, qui ont tout près d'eux la poudrière (je ne sais si cela a été prémédité).

A l'extrémité opposée de la ville, du côté de la route de Cholon se trouvent la maison du Procureur Général, la gendarmerie et la prison, endroit où on voit l'habitant de la première aidé de l'habitant de la seconde. La gendarmerie est un véritable monument qui a coûté beaucoup d'argent.

A une portée de fusil de la gendarmerie sur le même plateau, le nouveau palais du Gouverneur au milieu d'un fort beau parc commence à laisser entrevoir ses constructions ; on a fini le gros œuvre du susdit palais.

Cet emplacement est un des endroits le moins insalubre de Saïgon, c'est un plateau élevé de 8 mètres environ au-dessus du niveau des plus basses mers.

Il y a dans Saïgon deux temples Mahométans Indous, et un temple de Bhrama Indou.

Ces temples sont assez peu remarquables ; les Indous ne laissent pas les visiter. Je crois cependant que l'argument de la piastre serait là un argument pris en haute considération, et permettrait probablement aux *chiens de chrétiens* de fouler le sol sacré.

Pour compléter cette revue rapide, je dirai qu'il y a encore quelques maisons européennes qui sont en général à un étage ; tout le reste de la ville est composé de misérables caï-nhas qui ont peut être plus tué d'hommes que toutes les autres causes nombreuses naturelles d'insalubrité de ce pays.

Les rues de Saïgon sont larges, le sol en est boueux ou poussiéreux; on a pris pour macadam une roche argilo-siliceo-ferrugineuse rouge s'écrasant on ne peut plus facilement, c'est certainement le plus malheureux choix qu'on ait pu rêver; on a installé, en 1869, un système de voiture d'arrosage traînée par des buffles ; on arrose régulièrement aussi les arbres plantés dans les rues et destinés à les ombrager.

En 1869, il y a eu un certain élan donné à la construction des maisons; on a bâti au moins quarante maisons nouvelles, il est vrai de dire que beaucoup de ces maisons ne font que remplacer les caï-nhas qui s'écroulent de tous côtés. Cette fièvre de bâtir n'est pas encore arrivée à faire baisser le prix des loyers excessifs, eu égard surtout aux mauvaises conditions de confort des appartements construits. On bâtit ici, sans s'inquiéter du confort ni de l'hygiène pour faire rapporter le plus possible à son argent, de petites pièces sans largeur, sans hauteur, qui se loueront depuis 6 piastres par mois, au lieu de construire des pièces vastes et aérées qui sont un des premiers besoins du pays. A Singapoore, qui du reste est dans de bien meilleures conditions hygiéniques que Saïgon, à Singapoore, dis-je, où je n'ai passé qu'un ou deux jours, j'ai vu des bureaux au premier étage des maisons ; des escaliers énormes y conduisent, et certainement la hauteur des plafonds est bien de 4 à 5 mètres ; à la bonne heure : c'est compris ; il est vrai que cela doit se louer à un prix élevé, mais c'est salubre, il y a de l'air. A Saïgon, le gouvernement a concédé beaucoup de terrains presque gratuitement, 0 fr. 075 le mètre, pour pousser ses agents à faire bâtir. Sur vingt concessionnaires, deux, je crois, ont bâti, les autres ont fait de petites spéculations, les petits employés surtout, car on aime le jeu à Saïgon, ce n'est pas pour rien qu'on a une ferme des jeux en Cochinchine.

J'ai parlé très brièvement des casernes de l'infanterie de marine, il y a à Saïgon un dépôt de 1,000 à 1,500 hommes qui rayonnent de ce centre dans les différents postes de la colonie.

Il n'y a rien à ajouter à ce que j'ai dit de ces casernes, elles sont insuffisantes comme bien-être ; du reste, elles vont être démolies prochainement.

Si je suis bien renseigné, on installera les troupes dans des bâtiments qu'on est en train de construire dans l'ancien fort du Nord.

Les casernes actuelles sont sur la route du village de Govap ; à quelques centaines de mètres sur cette route se trouve le cimetière, vaste enceinte entourée d'une haie de bambous. On en apprend bien vite le chemin, quand on habite Saïgon.

Il existe à Saïgon une institution modeste fort utile : l'école municipale des interprètes, dont le nom indique suffisamment le but.

On peut considérer encore comme un édifice de Saïgon, le vaisseau stationnaire le *Duperré*, sur lequel sont tous les marins qui n'ont pas une destination déterminée quelconque, ils sont ou sur le *Duperré* (grande caserne flottante) ou sur le *Duperré* annexe ; navire plus fantastique dont l'existence, les évolutions et la vie sont plus difficiles à comprendre pour ceux qui ne sont pas initiés à ses mystères.

En face de l'arsenal se trouve le dock flottant, vaste carcasse de tôle d'une utilité incontestable ; on ne peut lui faire qu'un reproche, le prix exhorbitant qu'il a coûté, dit-on, à la France.

L'arsenal est l'établissement peut-être le plus important au point de vue matériel, il a comme directeur un sous-ingénieur de 1re classe des constructions navales ; il occupe actuellement un nombreux personnel, il est en pleine construction, il doit s'y dépenser énormément d'argent, car il emploie bien un millier d'hommes ; chaque soir, vous voyez sortir de la porte de l'arsenal pour aller du côté du Govap, une véritable procession d'Annamites chargés de débris de bois. Les bâtiments actuels de l'arsenal étant provisoires, il est inutile d'en donner aujourd'hui une description qui serait inexacte demain.

Le directeur de ce vaste établissement est seul actuellement, il a à faire un travail intéressant à plus d'un titre. La marine attache une grande importance à l'arsenal de Saïgon, j'ai même entendu plus d'un haut personnage dire qu'on ne gardait la Cochinchine que pour y avoir un arsenal pour la marine nationale, un lieu de réparations pour les navires de l'État. Il y aura à installer dans l'arsenal des bassins et canaux divers dont l'établissement sera fort dispendieux.

Une critique à faire, critique dont il faut être très sobre en général quand il s'agit de l'établissement de quelque chose de nouveau sous un climat et dans des conditions aussi difficiles que celles de la Cochinchine, une critique à faire, dis-je, c'est que les bois qu'on doit débiter à l'arsenal sont en dépôt de l'autre côté de l'Arroyo de l'Avalanche, il y a là une main-d'œuvre fort considérable à dépenser, en double emploi, pour amener aux chantiers les pièces de bois à débiter. Ne pourrait-on aviser à avoir un dépôt près du jardin botanique?

Les magasins généraux, dont le client le plus fort est l'arsenal, si je ne me trompe, en sont séparés par le jardin botanique, n'est-ce pas là une erreur?

Ces magasins sont en outre, comme je l'ai dit, fort près des poudrières, n'est-ce pas là une autre erreur?

Le jardin botanique aurait parfaitement pu et pourrait peut-être encore, je le crois, céder une partie de son emplacement au développement de l'arsenal et des magasins généraux, on pourrait, à quelques centaines de mètres de là, le long de l'arroyo, lui donner une compensation si on prenait une partie de sa surface pour en faire des dépôts de bois.

Du reste, ceci n'est qu'une appréciation à vol d'oiseau, c'est une idée à étudier, car je n'ai vu l'arsenal qu'une fois, fort rapidement.

Il y a à l'arsenal des ouvriers chinois et des ouvriers annamites; les annamites font d'assez bons forgerons, les boys annamites font de bons voiliers, les chinois de bons modeleurs pour la fonderie. Il n'y a guère à l'arsenal qu'une vingtaine d'ouvriers français. Plus que tout autre, je suis à même d'apprécier les efforts d'un directeur dans de pareilles conditions et d'applaudir aux difficultés qu'il aura su vaincre. A poste fixe ou à peu près, dans le port de Saïgon, se trouve le yacht du gouverneur, l'*Ondine* actuellement.

De nombreuses chaloupes à vapeur font le service du port de guerre; ne vous trouvez pas en sampan sur leur passage, elles vous couleraient parfaitement, ce qui est sérieux dans l'Arroyo de Saïgon.

Deux transports sont généralement mouillés dans le port, l'un en face de l'arsenal, l'autre un peu plus bas, attendant le retour du troisième, qui fait son voyage d'une durée moyenne de trois mois, aller et retour, y compris un séjour de trois semaines à Suez.

Quelques canonnières à vapeur pour les arroyos, deux ou trois autres pour la mer, d'un tonnage un peu plus fort, complètent le port de guerre; un peu plus bas, devant la maison Wang-Taï, est le port ou mouillage du commerce. Il y a bien une trentaine de navires en rade, français, allemands, anglais, etc.

Le directeur du port de commerce a sa maison et ses bureaux entre la maison Wang-Taï et l'Arroyo-chinois. Devant cette maison se trouve un mât de pavillon fort intéressant, car il annonce l'arrivée du courrier de France, au moyen de signaux plus ou moins compliqués. Au pied de ce mât se trouve un appontement avec un escalier autour duquel est groupée une nuée de petits bateaux (sampans) qui vous passent aux bâtiments des Messageries nationales situées de l'autre côté de l'arroyo chinois, ou vous conduisent à un navire quelconque en rade pour une somme minime, qui ne contente jamais le batelier. Les gamins, hommes ou femmes, qui mènent ces sampans sont aussi absorbants que leurs collègues des autres pays, ils sont gouailleurs, bruyants, insolents, etc.

La limite de la rade de Saïgon en aval est le fort du Sud. Ce fort est situé à deux kilomètres environ de la maison Wang-Taï, rive droite, c'est une enceinte entourée d'un petit talus à pente facile à franchir. C'était, et c'est encore un lieu de punition pour les soldats et les marins difficiles à manier. On en use très peu actuellement. C'est ce fort qui protège l'entrée de la rade de Saïgon du côté de la mer.

Je n'ai pas parlé, je crois, de l'administration de la justice à Saïgon.

Il y a à Saïgon un Tribunal d'appel de la justice indigène des Inspecteurs des affaires indigènes.

Il y a en outre un service judiciaire, avec un Procureur général chef du service, une Cour d'appel composée de deux Conseillers, d'un Président et d'un Conseiller auditeur; un Tribunal de première instance composé d'un juge et d'un lieutenant de juge (Président et Juge d'instruction en français moderne).

Tout ce monde a la jouissance d'un *Palais-de-Justice*, caï-nha quelconque, aussi misérable que les autres. Du reste, ce personnel judiciaire a ceci de particulièrement curieux, c'est que jamais, ou bien rarement, le titulaire d'une fonction déterminée ne remplit sa fonction; ainsi vous voyez les faits suivants qui, du reste, préoccupent peu Saïgon, où on fait bon marché du corps judiciaire :

Le Président de la Cour est Procureur général, un Conseiller est Président, le Conseiller auditeur est Procureur, le Procureur est Conseiller auditeur, le Substitut est Substitut, mais il est tellement furieux d'avoir à remplir ses fonctions naturelles, qu'il n'en a pas encore pris son parti, tant c'est contre les usages. Un secrétaire de la Direction est avocat général à la Cour, conseiller auditeur, je ne sais quoi. Il serait du reste Président que ni lui, ni personne à Saïgon n'en serait étonné probablement.

Je ris un peu, mais je suis au fond fort attristé de voir la loi française appliquée à un pays et à des gens pour lesquelles elle n'est pas faite actuellement, tout au moins ; vous arrivez quelquefois à des absurdités monstrueuses qui ne peuvent que faire gémir les gens de cœur et de sens qui s'intéressent vivement aux différentes races qui habitent la Cochinchine.

Quant à la commission d'appel de la Justice Indigène, je serais fort désireux de la voir fonctionner, il y a là énormément de bien à faire, énormément de jugements mauvais à réviser. Il suffit de dire que les inspecteurs des affaires indigènes, jeunes officiers inexpérimentés en général sont chargés d'administrer et de rendre la justice.

La Cochinchine est habitée par plusieurs races qui sont représentées à Saïgon. Vous avez suivant une échelle numérique décroissante comme population.

1° L'Annamite qu'on peut classer en plusieurs espèces,
2° Le Chinois,
3° L'Européen,
4° L'Indien (dit Malabar).
5° Le Malais (dit Malayou).
6° Le Cambodgien (en très petite quantité).

L'annamite à Saïgon, comprend plusieurs espèces : L'Annamite batelier, l'annamite agriculteur de passage à Saïgon, le matas qui constitue la garde *aborigène* des Inspecteurs du pays, enfin le boy.

Le boy mérite un article spécial, car il joue un grand rôle dans la vie des Européens. Ce nom de boy vient évidemment de l'anglais. Le boy est le domestique que les Européens ont généralement, le boy peut se diviser lui même en deux espèces.

1° Le boy proprement dit.

2° Le Nay (vulgairement panier). (Le mot nay vient de l'annamite et veut dire *là bas*, c'est le terme qu'on emploie quand on appelle quelqu'un).

Les paniers sont des enfants depuis 7 à 8 ans, jusqu'a 12 ou 15 ans, ils sont, comme leur nom l'indique, munis de paniers ronds, ils se trouvent constamment sur les quais, devant les boutiques de chinois ou d'européens attendant le chaland qui viendra faire une acquisition quelconque, ils se disputent à qui vous fera leurs offres de service, pour porter moyennant une faible rétribution, les objets dont vous aurez fait l'emplette. Le nay ou panier est généralement très petit, il a les cheveux longs pendants derrière la tête, c'est une des véritables plaies de Saïgon, depuis l'invasion française où ils ont été, dans les commencements surtout, en rapport avec une soldatesque brutale, aux passions effrénées, ayant en outre souvent sous ses yeux, pour la démoraliser, l'exemple de ses chefs.

Il ne faut pas oublier que la conquête de la Cochinchine a suivi immédiatement la campagne de Chine où on avait pris certaines habitudes essentiellement de l'extrême Orient, et tout-à-fait, (quoi qu'on dise), contraires à celles de l'Occident. La race des paniers contribue à entretenir cette vieille habitude de paresse et de flanerie coutumière des annamites mâles surtout, c'est dans la première partie de cette race, que se recrute la race des boys proprement dits qui, comme je l'ai dit, sont les domestiques des européens et existent par centaines à Saïgon : les boys ont généralement de 15 à 25 ans ; ils sont essentiellement menteurs, débauchés et joueurs ; comme conséquence naturelle de ces défauts et comme couronnement de l'édifice, ils sont voleurs. C'est cependant par eux qu'il faut passer puisqu'ils constituent à peu-près la seule classe où on recrute les domestiques. Le prix de ces boys est très élevé, il est insensé, eu égard aux dépenses réelles et obligatoires de la vie régulière d'un annamite et aux services qu'il ne rend pas. On donne à ces boys par mois de 2 à 10 piastres (la piastre monnaie du pays au taux légal de 5 fr. 55 c. est généralement cotée sur le marché à un taux un peu plus élevé). Le boy remplit l'office de valet de chambre de la façon la plus imcomplète, il est à peu près impossible d'obtenir de lui un service régulier, il disparaît une grande partie de la journée souvent, et la totalité de la nuit presque toujours.

Il va par bande de 4 ou 5 dans les maisons de jeux chinoises, ouvertes à tous passant à Saïgon, ou à Cau-Ong-Lang, faubourg de Saïgon, ou enfin à la ville Chinoise de Cholon, située à 5 kilomètres de Saïgon, là il trouve le jeu, le théâtre etc...

Comme quelques européens malheureusement, et comme tous les asiatiques, principalement les chinois, il est excessivement joueur, il dépense en un instant ce qu'il a gagné en un mois, il se trouve alors sans ressources avec des besoins factices devenus impérieux pour lui, et comme le sens moral est très vague chez lui, on conçoit bien vite qu'il ne perd aucune occasion de s'emparer du bien d'autrui; de là viennent les vols nombreux commis par cette race à Saïgon. Le boy, outre les fonctions de valet de chambre dont je parlais, remplit aussi celle de palefrenier et quelquefois celles de cuisinier ; mais la supériorité du malais et du malabar est incontestable dans la première de ces fonctions, et celle du chinois comme artiste culinaire n'est pas moins évidente.

Comme je le disais plus haut, le boy est essentiellement paresseux, il fait souvent apporter par un cooli chinois l'eau nécessaire à son ménage alors même qu'il l'aurait sous la main etc..., de même lorsqu'il va au marché, il fait porter par un panier les quelques menues provisions qui constituent la satisfaction des besoins de la vie d'un homme seul.

Le boy a généralement un costume assez élégant dans sa simplicité, quand il est propre : Un petit veston boutonnant sur le devant avec des boutons de verre coloré et une moresque en coton blanc constituent la partie principale du costume de petite tenue, le tout est rehaussé par une ceinture en soie rouge, qu'on laisse pendre en grande partie sur le devant du corps. Cette ceinture est la partie la plus chère du costume à tous les points de vue, elle coûte environ 3 piastres, elle supporte une petite bourse en soie ou en peau doublée de coton de couleur généralement blanche ou bleue ornementée de dessins en filigranes de cuivre. Cette petite bourse contient le tabac, le papier à cigarette etc. Un foulard de soie, quelquefois de coton, entoure les cheveux roulés du boy, qui sont souvent retenus également comme pour les indous par un peigne en écaille coûtant 2 ou 3 piastres.

Ce qui répugne le plus à l'Européen est la combinaison de l'odeur spéciale de la race Annamite et de l'huile de coco dont l'Annamite imprègne ses longs cheveux noirs. Cette odeur spéciale se transmet à tous les objets qu'il touche, et ne contribue pas, dans un pays où on a souvent *le cœur sur la main* (au figuré) à vous mettre en appétit.

Je disais précédemment que la dépense nécessaire pour entretenir un boy est très minime, 2 piastres par mois sont parfaitement suffisantes pour atteindre ce but, le prix élevé auquel sont arrivés maintenant les domestiques à Saïgon, boys, chinois ou autres, tient à des causes diverses : L'usage des premiers français venus dans la colonie de vivre en commun en partageant la dépense, la difficulté de se procurer un domestique quelconque, l'installation en Cochinchine de négociants infiniment plus riches que les fonctionnaires français et regardant par suite bien moins à payer quelques piastres de plus un domestique quelconque, le voisinage de la Chine et de l'Inde, où la vie européenne est d'un prix élevé, etc., toutes ces causes combinées ont amené une élévation de tarif que rien ne justifie eu égard surtout à la façon déplorable dont le service est fait.

La deuxième espèce de domestiques qu'on ait à Saïgon est tirée de la race chinoise, ce sont généralement des cuisiniers, les seuls à peu près passables du pays ; le chinois est relativement assez propre, il coûte 10 à 12 piastres par mois.

Dans le moindre ménage, comme vous êtes obligé d'avoir un boy annamite et un cuisinier chinois, vous arrivez à une dépense de 20 à 25 piastres par mois, soit 1,200 à 2,500 francs par an pour les domestiques.

Le cuisinier chinois est le cuisinier généralement employé partout, quant au cuisinier annamite, il est ordinairement détestable, et dédaigné par la *highlife*.

Le Malais, assez peu répandu à Saïgon, fait un bon palefrenier, comme je l'ai dit précédemment.

A Singapoore ce sont généralement les Malais qui soignent les chevaux et conduisent les voitures particulières et publiques. A Saïgon, le malais est généralement le saïs (cocher et palefrenier) des voitures de maîtres. Quant aux voitures publiques, elles sont conduites par des Indiens de la côte du Malabar, venant de Pondichéry ou de Singapoore. On a tellement l'habitude de voir un malabar conduire les voitures de louage à Saïgon qu'on appelle les voitures de louage, voitures de Malabar, et ce nom restera, comme j'ai vu dans d'autres pays appeler un pâtissier un Suisse, parce que les premiers pâtissiers qui y étaient venus étaient d'origine helvétique.

Les Malabars soignent, du reste, très bien les chevaux, ils ont une façon de les étriller tout à fait originale, ils les frottent avec la paume de la main, de façon à faire croire qu'ils ont envie de leur enlever la peau.

Les Malabars s'occupent aussi de faire paître de grands troupeaux de vaches, pour en vendre le laitage, (De mauvaises langues prétendent que ce laitage est souvent de la noix de coco broyée avec de l'eau.)

Le malabar a en outre une autre spécialité, il est changeur de monnaie ; pour une piastre qui est donnée par le gouvernement au taux de 5 f. 55, il donne 5 fr. 05. quelquefois plus, en sous, lui-même change cette piastre pour environ 6 francs. Il fait ce commerce avec les chinois de Cholon, qui ont souvent besoin d'avoir un certain nombre de piastres en argent pour pouvoir faire leurs grandes acquisitions de riz dans l'intérieur du pays. Disons en passant que le peuple chinois est le peuple commerçant par excellence. Les Chinois sont presque les seuls individus qui gagnent de l'argent en Cochinchine ; cela fait soupirer bien des gens.

Les malabars ont encore un quatrième emploi à Saïgon. Ils sont employés comme plantons ou gardiens, ils sont employés également comme agents de police.

Les malabars constituent une colonie de gens essentiellement travailleurs et économes ; la piastre qu'ils ont gagnée est enfouie et ne reparaît plus.

Les malabars sont ordinairement bien faits, ils sont très bruns de peau, ils ont une démarche qui ne manque pas de noblesse, les petits enfants, garçons et filles de cette race sont généralement ravissants. Ils ont les traits fins et les formes bien prises, ils sont souvent couverts de bijoux et colliers divers aux bras, aux jambes et au cou, le tout en or massif ; le bijou faux est prohibé.

Le costume du malabar est très très simple, le malabar vulgaire n'a souvent qu'une sorte de jupe en coton qui lui ceint les reins, quelquefois il a moins encore ; du reste, l'expression *vêtu en malabar* indique un costume qui se rapproche du costume primitif. Le plus grand luxe du malabar est son bonnet, qui est en soie, et coûte plusieurs piastres. Ces bonnets viennent de Maduré (Indes).

Je ne parle des Cambodgiens que comme mémoire, attendu qu'il n'y en a qu'une très petite quantité à Saïgon.

La race qui tend à dominer toutes les autres en Cochinchine est la race chinoise.

Quand les français sont arrivés en Cochinchine, il existait une grande ville chinoise qu'on appelle Cholon ; cette ville est encore le centre des affaires commerciales des chinois avec l'intérieur du pays.

A quelques kilomètres de Cholon, à l'intersection de l'arroyo chinois et du *faux Donnaï*, on a établi dans un vaste terrain marécageux la ville de Saïgon. Comme je l'ai dit plus haut, d'assez nombreuses maisons en briques recouvertes de tuiles rouges, commencent à remplacer maintenant les misérables caï-nhas qui s'élevaient au bord du fleuve. Les principales habitations convenables ne sont guère habitées que par des négociants.

Il existe à Saïgon quelques grandes maisons de commerce françaises et allemandes généralement ; il y a en outre quelques maisons de détail françaises et un grand nombre de maisons de détail chinoises.

Comme je le disais précédemment, il n'y a pas de sot métier pour le chinois, il débutera comme porte-faix, vous le retrouverez quelques années après à la tête d'une grande maison de commerce.

Le porte-faix à Saïgon s'appelle bambou ; on comprend facilement que ce sobriquet lui vient du bambou dont il se sert pour porter les fardeaux ; caisses à vin, barriques, cochons hurleurs sont suspendus au milieu d'un bambou dont les deux extrémités reposent sur les épaules de deux ou de quatre chinois qui marchent à cette espèce de petit pas de course cadencé, qui est spécial aux porteurs chinois et annamites.

Le chinois est encore porteur d'eau, il est aussi cuisinier ambulant, il porte alors sur son épaule un petit bambou ; à l'une des extrémités se trouve un fourneau allumé, à l'autre une espèce d'étagère chargée de différents plats ; il passe en poussant un cri particulier (Long-tan, hoh hà), qui fait venir l'eau à la bouche de sa clientèle habituelle.

Le chinois tient en outre des boutiques de détail, où on vend à peu près de tout ; il faut toujours bien faire attention dans vos transactions avec lui, car il a un mauvais instinct commercial poussé à un degré fâcheux.

Les chinois sont cordonniers, tailleurs, menuisiers, maçons, marchands d'objets de Chine, etc. .... Ce sont en outre, comme je l'ai déjà dit, les plus grands négociants du pays. On peut même dire que le commerce ne se fait pas sans eux, car dans les grandes maisons européennes de commerce, il y a toujours un intermédiaire chinois indispensable, qu'on appelle le *comprador*, qui sachant l'Annamite, le Chinois et le Français, est l'intermédiaire qui ne tarde jamais à s'enrichir, quoi qu'il ait des appointements minimes: une vingtaine de piastres par mois.

Les difficultés de transaction commerciale sont très grandes, à cause de l'écriture annamite, composée avec les caractères chinois.

Il y a deux autres industries fort importantes qui sont tenues par les chinois : la ferme d'opium et la ferme des jeux ; les maisons de jeux sont excessivement nombreuses à Saïgon, elles ont un effet démoralisateur déplorable, je reviendrai plus tard sur ce sujet.

L'amour du jeu est tellement développé chez l'annamite, que vous rencontrez presque à chaque pas des gamins jouant entre eux des sapèques, voire même des sous.

Parlons un peu de la sapèque.

La sapèque est la monnaie commune du pays, elle est en zinc, chaque sapèque a à peu près la grandeur d'une pièce d'un franc. Trente sapèques font un sou, 600 représentent un franc par suite. La sapèque est percée dans sa partie centrale d'un trou carré, permettant d'en faire des chapelets, devant contenir 600 sapèques, le tout est enfilé avec une herbe particulière. On a l'habitude de donner 6 chapelets pour une piastre, ce qui mettrait le taux de la piastre à 6 francs ; mais le chinois, né malin, a soin d'enlever un certain nombre de sapèques dans chaque chapelet. Il y a même, dit-on, à Cholon des chinois qui ont une ou deux femmes occupées à ce petit exercice; elles se servent d'un morceau de bois dans lequel est tracé une rainure longitudinale demi-cylindrique de la longueur du chapelet légal. Elles mettent dans cette rainure les chapelets *honnêtes*, si je puis me servir de cette expression, coupent les liens qui les retiennent, enlèvent la petite quantité de sapèques qui leur paraît convenable et refont le lien(le tour est joué).

On comprend d'après cela quelle est la façon de procéder des chinois. Ceci ne s'applique pas, bien entendu, aux grands commerçants chinois qui montrent, au contraire, une certaine honnêteté à tenir leurs engagements commerciaux.

Je me rappelle l'aspect bizarre que m'offrit Singapoore, c'était la première ville chinoise que je voyais.

Mon attention avait été croissante depuis l'Europe ; j'avais vu Alexandrie, le Caire, dans un autre genre (genre ignoble) : Suez cette sentine commune de tous les vices de l'Europe et de l'Asie, Aden, la digne entrée de cette étouffante mer rouge à l'aspect lugubre et sombre.

On est agréablement saisi par la couleur verdoyante de Ceylan, dont la côte plate, unie, au niveau de la mer, impressionne, je l'avoue, un peu défavorablement au premier aspect. Mais cette impression passe bien vite, on se sent en Asie. Quelque peu poëte que l'on soit, on est ému, on est dans une partie du monde complètement différente de l'Ancien-Monde d'Europe. La première impression ressentie à Alexandrie s'efface bien vite. L'Asie, l'Inde vous parlent un langage qui vous frappe autrement profondément même que l'Egypte. Faut-il rattacher cette impression à la tradition plus ou moins authentique donnant au premier homme comme berceau Ceylan ? Je ne sais !

Quant à Singapoore, c'est un autre type de ville, c'est le type

Européen chinois (c'est le type de Canton, Macao, de Hong-Kong), c'est un nouveau genre qui se rapproche plus du genre de la ville chinoise, que de celui de la ville Européenne.

Saïgon présente en petit le type *Européen chinois* des villes dont j'ai parlé, type qui frappe vivement l'Européen.

Je me proposais depuis longtemps, de dire ce que l'on voit dans les rues de Saïgon, afin de faire comprendre aux européens, ce qu'est la vie en Cochinchine, notamment à Saïgon ; c'est, je trouve, le meilleur moyen de montrer d'une façon palpable la vie d'un peuple à un étranger, mais je suis tellement mal à l'aise constamment, que la plume m'est tombée des mains plus d'une fois.

Secouons cette torpeur morbide, et que lecteur veuille bien me suivre. Il était à Paris, je suppose, ayant bien froid déjà (15 novembre), par un coup de baguette magique, le voici transporté à Saïgon, où je crois qu'il sera à l'abri de l'impression du froid.

La journée des rues à Saïgon commence généralement à 6 heures du matin, mais mon compagnon d'observatoire ne s'étant pas levé assez tôt pour se rendre compte de ce qui se passe à cette heure matinale, tant pis pour lui. Qu'il se console bien vite, ce qu'il verra maintenant qu'il est 7 heures du matin est ce qu'il aurait vu, ou à peu près, il y a une heure.

Il est bon d'abord que je dise où nous sommes, et où se trouve situé notre observatoire. Je suis dans une Caï-nha divisée en quatre compartiments, au toit très surbaissé, se prolongeant sur la façade, de façon à former une véranda du côté de la rue, je suis à quelques mètres de cette rue, dont je suis séparé par une palissade en palétuviers recouverte par le développement actif d'une charmante plante grimpante faisant l'office du lierre. De petites fleurs ressortent en rouge vif sur le fond vert du feuillage découpé de cette plante connue sous le nom de chevelure de Vénus. Quelques balisiers aux feuilles larges, aux tiges élancées terminées par une longue fleur rouge ; quelques autres fleurs bleues ou blanches ressemblant à des mauves, complètent la charmille qui me sépare de la rue avec laquelle je communique par une large ouverture pratiquée dans la palissade, ouverture munie de l'ombre d'une porte. C'est par cette ouverture que je vois les passants.

Ma Caï-nha est entourée de quelques cocotiers auxquels je n'ai jamais vu de noix de coco, et de quelques aréquiers à la tige élancée, aux régimes de fruits jaunis par le soleil (tentation permanente pour l'Annamite et pour le Malais).

La Caï-nha où je me trouve est pour ainsi dire en dehors de la ville, elle est située sur une grande rue ou route allant de la prison qui est dans le haut de la ville à l'arroyo chinois qui coule à 4 ou 500 mètres de là.

En face de moi, un peu sur la gauche est la Caï-nha d'un des services publics de Saïgon baptisé par moi du nom de *service inconnu*.

Il est déjà 8 heures du matin, comme le temps se passe ! Pas toujours !... La température est relativement basse, il fait $23°\frac{1}{2}$ de chaleur, le ciel est couvert, le temps et supportable, presque agréable pour le pays ; mon compagnon est-il de mon avis ? Je le souhaite pour lui, mais il est tellement absorbé par ce qu'il voit que je ne veux le déranger que pour lui donner les explications d'un cicérone.

Attention, le rideau est levé les acteurs sont en scène :

Voici remontant la rue, un chinois porteur d'eau, il marche à pas comptés, ce qui indique qu'il marche à vide, il va remplir ses seaux au puits qui se trouve le long du jardin de ma caï-nha. Ce chinois a un chapeau de feûtre gris de fabrication anglaise, un pantalon et un veston en serge noire plus ou moins usé d'origine anglaise également. Derrière lui vient au pas rapide et cadencé, un chinois porteur d'eau ou d'une denrée quelconque, le torse nu, la tête couverte du vaste chapeau traditionnel en rotin de forme très surbaissée, la queue de cheveux enroulée en chignon sur la nuque.

Les Chinois portent de la même façon que les porteurs d'eau français (les Auvergnats) dont ils n'ont pas l'élégance traditionnelle. Ils ont un bâton plat ou un peu courbé avec des encoches à chaque extrémité où viennent s'accrocher, par des liens en rotin, les deux récipients placés bien en équilibre sur l'épaule ; l'Annamite et le Chinois portent ainsi des fardeaux considérables à de grandes distances. Hommes, femmes, enfants hauts comme la botte, tout le monde porte son faix. Rien n'est plus curieux que de voir un de ces petits bons-hommes portant son bâton avec ses deux plateaux bien chargés, ayant la plus grand'peine à garder son équilibre en trottinant sous la lourde charge qui le fait vaciller.

Voici un Annamite porteur, celui-ci diffère peu d'un Chinois, son torse est nu, il est plus grêle de formes que le Chinois, sa figure est plus osseuse.

Voici que passe, en descendant vers l'arroyo, un vieil Annamite à la barbe de bouc clair-semée, grisonnante ; il est couvert de la grande chemise annamite noire, boutonnée sur le côté, ouverte le long des cuisses ; il a un pantalon blanc, ou plutôt, pour dire la vérité, gris sale (toujours de provenance anglaise). Sur l'épaule, il a le parapluie à gros manche en bambou, dont l'étoffe est une sorte de papier noirâtre, décrivant une surface beaucoup plus raplatie que celle de nos parapluies européens.

Une femme annamite passe en causant avec un annamite d'une vingtaine d'années (boy). Elle a la tête recouverte d'une sorte de mouchoir blanc, vulgairement attaché au-dessous du cou, comme en Europe. En revanche, elle a la grande chemise et le pantalon traditionnels de coton bleu foncé. Le boy a un petit veston sale boutonné sur le devant avec des boutons de verre de couleur ; le veston et le pantalon sont en coton blanc. Un foulard jadis blanc entoure sa chevelure retroussée en chignon.

Voici *trois Paniers* avec leurs paniers. J'ai eu occasion de parler plus haut de ce joli produit de la civilisation double *annamito-française* : c'est réussi. Le Panier a le costume de petite tenue des Annamites, veston et pantalon blancs, en plus le panier qui lui sert souvent de coiffure, de siège, d'arme pour se battre et enfin de *gagne-riz*. Toutes les défroques de la garde-robe des européens, et des militaires surtout, sont bonnes pour lui, le képi de l'infanterie de marine a notamment beaucoup de succès.

Voici une femme (congaï) annamite qui descend la tête nue, les cheveux relevés en chignon derrière la tête, vêtue d'une grande chemise bleue avec des pièces noires, pantalon idem ; les bras ayant ce balancement caractéristique des femmes annamites qui est, je crois, le dernier cachet de la mode.

Voici un porteur d'eau annamite, coiffé du chapeau annamite fait de bambou, ayant à peu près la forme d'un couvercle de soupière, muni d'un gros bouton.

Voici une charrette traînée par des buffles au pas calme, cadencé et certain.

Le buffle est farouche plutôt que méchant, il est redouté à cause de sa force énorme et à cause de sa paire de cornes de dimensions sérieuses, à la courbure fortement prononcée, qui atteignent quelquefois un développement d'un mètre ; mais cet animal est doux pour ceux qu'il connaît ; de petits annamites le font marcher de droite, de gauche à la voix, ils grimpent sur son dos en mettant le pied sur le jarret de derrière de l'animal et se servant de la queue comme point d'appui. L'européen l'effraie, soit par son costume, soit par son odeur spéciale, le buffle allonge la tête, le nez au vent, les cornes couchées en arrière, c'est un moment sérieux parce qu'on peut être chargé par un animal qui, quand il est en furie, est terrible à cause de sa force et de sa masse prodigieuse, qui est loin d'exclure la rapidité dans l'allure comme j'ai pu le constater sur des buffles sauvages. Les annamites l'éloignent en poussant de grands cris et brandissant le premier morceau de bois qui leur tombe sous la main.

Au moment où je faisais les réflexions qui précèdent, j'ai entendu, à quelques mètres de moi, le froissement de l'herbe sous un pas pesant; je me retourne et je vois passer à la hauteur d'une petite fenêtre de ma caï-nha les cornes d'un superbe buffle Ah! c'est trop fort! des buffles dans mon jardin. Je me précipite dehors avec une baguette de rotin en faisant de grands gestes et poussant de grands cris; la scène se passait sur le derrière de la caï-nha; le buffle, effrayé un instant, fait un bond et se sauve de quelques mètres, mais immédiatement il se retourne et fait tête, sentant qu'il n'a affaire qu'à un Français.

Il couche ses cornes en arrière, allonge son museau : chargera-t-il, ou ne chargera-t-il pas ? *C'est là la question*, qui ne laisse pas que d'être très-importante pour moi ; une retraite dans ma caï-nha, même opérée à temps, n'empêchera probablement pas l'animal d'y rentrer, en renversant tout, même la caï-nha (plût au ciel que ce dernier fait arrivât). C'est ce que semble comprendre un visiteur prudent que j'ai dans le moment, qui s'apprête à *dégager la coupée* (terme de marine) bravement, si le buffle persévère dans l'idée qui semble mûrie dans son cerveau. Je jette au buffle une pierre, qui semble le décider à se sauver, je reste maître de la place ; mais c'est égal, il ne faut pas s'y fier.

Dix heures du matin. C'est l'heure de la sortie de leurs bureaux des employés nombreux des diverses administrations ; chacun sort pour aller déjeûner. Comme je crois l'avoir dit, le personnel européen forme des associations plus ou moins amicales pour se sustenter ; après le déjeûner, chacun se retire dans ses appartements pour faire la sieste jusqu'à deux heures.

La sieste ! ce mot veut dire bien des choses. Pour moi, personnellement, je lui donne une signification toute particulière : La sieste est une opération après laquelle on est encore plus mal disposé qu'auparavant. Mais je ne veux pas faire école, tout ce que je souhaite, c'est que d'autres soient plus heureux que moi et n'en ressentent qu'une action bienfaisante.

La sieste est essentiellement du domaine de la vie privée.

Quelques-uns lisent, la plupart somnolent. Est-ce une bonne ou une mauvaise chose de faire la sieste Je ne suis pas encore fixé sur ce point délicat qui se rattache à l'hygiène particulière et à la vie intime de l'homme destiné à vivre dans les pays chauds. Tout ce que je puis dire, c'est que je crois que la sieste en soi est un mal, mal qui peut être nécessaire dans les pays tropicaux.

Généralement, pour faire la sieste, on étend une natte sur un lit où on peut transpirer à satiété. La ville, à ce moment de midi à 2 heures, a peu de promeneurs à cause du soleil Elle est cependant fort intéressante pour qui veut se rendre compte de ce qui se passe et se pénétrer des mœurs intimes du pays.

A deux heures, chaque individu retourne à son travail avec un enthousiasme généralement assez calme. C'est la période de la journée la plus chaude et la plus pénible à passer, heureux si on a un peu de brise.

Trois heures, je reprends la plume, l'atmosphère est lourde et désagréable, le ciel est gris, il n'y a que 29° centigrades. Mais malgré cela, et malgré une brise assez forte qui se fait sentir jusque dans ma caï-nha, je suis fort mal à l'aise : Anéantissement de forces, lourdeur de tête, etc., etc. Le costume que je porte est du reste fort léger. Grâce au rayonnement de la chaleur à travers les tuiles de ma caï-nha, je suis obligé de rester coiffé d'un petit chapeau de paille quelconque.

Je reprends mon rôle d'observateur : Voici une porteuse annamite qui passe avec ses deux plateaux ; rien à en dire ; elle est probablement fortement chargée, car elle ploie en se balançant sous sa charge, la tête penchée en avant.

Derrière elle vient un Chinois contemplateur qui marche tranquillement la queue pendante sur le dos, l'éventail au poing.

Voici une congaï (femme annamite) la tête entourée d'un mouchoir, portant appuyé sur la hanche droite un panier chargé et à cheval sur la hanche gauche un enfant, cette double charge lui fait projeter en avant un ventre proéminent et disgracieux.

Elle se croise avec deux nègres ; ceux-là viennent de Bourbon probablement, ce sont des créoles, comme ils le diraient vraisemblablement si on le leur demandait.

Ils sont vêtus de défroques européennes, toujours peu appropriées à leur couleur; c'est toujours, et dans tous les pays, la même chose : l'amour malheureux des personnes foncées de peau pour les étoffes à teinte claire et voyante.

Voici trois *Bambous annamites* aux formes grêles et maigres, l'un d'eux porte leur instrument de travail, deux mètres de bambou.

Qu'est-ce qui passe rapidement avec un bruit de grelot, à un trot très rapide ?

Ce sont deux petits chevaux annamites aux selles rouges munies de grelots, qui font, je crois, assaut de vitesse; rien de plus curieux que de voir ces petits animaux aux formes maigres, aller encore assez rapidement, à une allure qui tantôt est le trot, tantôt le galop, et tantôt un mélange des deux. Les Annamites qui les montent ont un grand chapeau conique fait avec une sorte de paille tressée très finement, la pointe du cône est terminée par une feuille de métal pliée.

Voici deux matas de l'inspection de Saïgon qui passent, portant attachées au bâton qui leur sert de support deux grandes boîtes à endaubage adaptées à un usage inconnu (transport d'un liquide quelconque). Les matas ne diffèrent des autres annamites que par leur veste, qui, pour ceux de l'inspection de Saïgon, est bleue à revers jaunes, et par un petit chapeau pointu très coquet.

Voici un Chinois à pantalon bleu, veste blanche boutonnant sur le côté, un peu plus longue que celle des Annamites, il est chaussé de grandes pantoufles chinoises à bouts pointus, à semelle épaisse de carton blanc, je crois, recouverte d'une sorte de velours plus ou moins décoré d'ornements brodés; il passe gravement avec son parapluie; c'est probablement un tailleur ou un cordonnier.

Voici un superbe coq, c'est un nouveau voisin élevé, je crois, par un Tagal (métis d'Espagnol et de Manillais). Ce qui me le fait remarquer, c'est qu'il est très belliqueux; quand il voit passer quelque malais peu vêtu ou quelque malabar qui l'est encore moins, je ne sais si c'est l'attrait de la chair qui le pousse, mais ce que je sais bien, c'est qu'il se précipite avec fureur sur les jambes du passant qui, ne s'attendant pas à cette brusque agression, détalle rapidement; le coq chante sa victoire.

Je viens de voir passer un beau monsieur au visage bazanné; il y a du malais dans ce type, mais ce n'est pas cela tout à fait. C'est ce qu'on appelle un *Portugais de Singapoore ou de Canton* (métis de Chinois et de Portugais), très fier des quelques gouttes de sang portugais qui se sont égarées dans ses veines. Ce beau Monsieur, vêtu à l'européenne, pantalon et veston blanc, petit chapeau de feutre élégant, c'est l'interprète chinois de l'inspection de Saïgon, il parle le chinois de la congrégation de Canton.

Il est bon de savoir que nous avons cinq congrégations de Chinois à Saigon.

Ce qu'il est utile qu'on sache, car on fait constamment confusion à ce sujet, c'est que cette phrase : *parler Chinois* n'a pas de signification générale qu'on lui prête ; On parle un dialecte chinois ou un autre, ces dialectes sont essentiellement différents les uns des autres, comme les langues parlées en Europe diffèrent les unes des autres, ils diffèrent en outre du dialecte officiel *ou chinois mandarin*. Ce chinois, langage officiel de l'Empire, n'est compris que par les gros bonnets de Chine, qui eux-mêmes ne comprennent pas le dialecte de leurs Administrés dans les provinces qu'ils ont à gouverner, et ont besoin d'interprètes.

Outre cet inconvénient regrettable pour l'Administration d'un pays, et pour son progrès, il y en a un autre capital, c'est l'écriture chinoise exigeant des années d'études pour être connue plus ou moins. C'est là une des causes déplorables de stagnation pour ce peuple qui est certainement industrieux, travailleur, économe, habile quand il voit son intérêt direct, immédiat, engagé dans une question, immoral, joueur, de mauvaise foi en revanche, de mauvaise foi, surtout le petit négociant ou marchand de fruits, de graisse, de conserves etc... Ce que l'on peut constater facilement à Saigon.

Mais déjà l'heure s'avance, il est 5 heures, j'ai entendu résonner le tamtam de l'Inspection. A ce signal bien aimé tous les *gratte-papier* quelconques, lettrés, interprètes chinois, annamites se précitent à qui fuira le plus vite possible le travail ou l'endroit où l'on est sensé travailler.

Ce signal sert de pendules dans les environs, et comme on sonne .e tamtam toutes les demi-heures, le tamtam de 4 heures 1/2, disent les mauvaises langues, est quelquefois pris pour celui de 5 heures.

Je vois passer devant moi, en grande partie, le personnel de l'Inspection : Les interprètes ou élèves interprètes ont l'air important de l'Annamite en place ; le lettré qui écrit l'Annamite a quelque chose de grave et de noblement grincheux; que voulez-vous ! Il gagne ses 100 francs par mois, c'est un grand fonctionnaire Annamite ; il comprend, ou est sensé comprendre des caractères qui feront le désespoir de tous les gens intelligents.

Cinq heures et demie, j'entends de nouveau le tamtam de l'Inspection; cette fois-ci, c'est la retraite des Matas : rangés suivant deux lignes, munis chacun de deux petits bâtons de bois dur, ils marquent la retraite par un battement rapide de plus en plus précipité de ces deux bâtons l'un contre l'autre, le tout est entremêlé de coups de grosse caisse.

Mais déjà les voitures de maîtres circulent et commencent l'éternelle promenade de Cholon et de Cau-Ong-Lanh ; c'est la promenade des *Champs Elysées* de l'endroit, amère ironie ! Il y a une rue qu'on appelle la rue de l'Impératrice. Que les hôtels sont beaux dans cette rue, et qu'ils rappellent bien ceux de l'avenue de l'impératrice ???

Je me retire de mon observatoire harcelé depuis longtemps déjà par des moustiques cruels hauts montés sur pattes qui vous piquent et repiquent avec fureur, et qui avec des fourmis de toutes les tailles, de toutes les couleurs, de toutes les espèces se disputent à qui vous fera le plus souffrir.

Bonsoir mon compagnon d'observations, amusez-vous bien, dans cinq minutes il sera minuit à Paris, et vous pourrez vous figurer être encore à Saigon et continuer vos observations dans le grand bal costumé que donne au boulevard Malherbes Madame***.

Six heures, les ouvriers Annamites et Chinois finissent leur journée, et par bandes nombreuses se retirent dans les faubourgs populeux et étendus de Cau-Ong-Lanh et du Govap. J'éprouve le besoin de me remuer et de marcher un peu : sur tous les chemins rayonnants de la ville je rencontre la file Annamite, c'est-à-dire les Annamites marchant les uns à la suite des autres ; la nuit s'avance à grands pas. J'entends quelques coups de fusils qui m'annoncent que les navires de guerre en rade *rentrent les couleurs*. La nuit est arrivée. Sept heures ; il faut s'asseoir devant un dîner quelconque qui vous produit à peu près le même effet que le dîner à bord d'un navire où vous avez le mal de mer.

A sept heures et demie la retraite des clairons sonne : Allez coucher bons militaires.

A huit heures, le canon indique je ne sais quoi, probablement la fermeture du port. Après ce coup de canon si vous sortez dans la rue, alors commence une excursion qui a un certain intérêt.

L'aspect de Saigon la nuit, n'a plus aucun rapport avec l'aspect de

Saigon le jour. Le Chinois avec ses lanternes de toutes couleurs, ses boutiques de tailleurs, de cordonniers etc, ses maisons de jeux, ses marchands restaurateurs ambulants, donne à la ville un cachet tout spécial qui frappe vivement l'étranger. Nous parlerons plus tard de Saïgon la nuit.

———

Maintenant que nous connaissons à peu près Saïgon et sa population, allons faire un tour dans la ville ; commençons par le point le plus intéressant, par le marché :

Le marché de Saïgon présente en grand ce que vous voyez dans les marchés annamites de l'intérieur :

Un nombre plus ou moins considérable de petites boutiques ou d'évents, présidés par des chinois seuls, des chinois avec leurs femmes annamites, ou des femmes annamites.

Le marché se compose actuellement d'une grande place située entre le canal Rigault de Genouilly et la rue d'Adran. Les deux côtés de cette place sont formés par des magasins chinois. Sur la rue d'Adran sont les marchands d'objets chinois ayant une valeur relativement assez élevée. Les marchands chinois vendant des objets d'une moindre valeur ont leurs boutiques sur le côté de la place reliant le canal à la rue d'Adran. Toutes ces boutiques sont médiocres ; la vente se fait au rez-de-chaussée dans une pièce située de plein-pied avec la rue, dont elle est séparée en général par une infecte petite sentine, réceptacle de tous les produits les plus odoriférants. Quatre ou cinq planches disjointes servent de communication entre la rue et la maison et vous donnent accès dans la boutique. Là vous trouvez un véritable bazar dans un petit espace de quelques mètres de côté. Quatre ou cinq chinois aux torses nus ayant à la bouche le long manche étroit d'une pipe au petit fourneau en cuivre, sont dans la boutique ; ce sont des agents du boutiquier. Quel est le maître, quels sont les commis, c'est ce qu'on n'a jamais pu savoir ?

Le chinois est en général très positif et assez peu prévenant, à moins qu'il ne voit une bonne affaire à conclure.

En entrant dans la boutique, à droite et à gauche vous avez généralement de la poterie commune, à dessins bleus sur fond blanc, tasses, théières, assiettes, etc., etc...... L'étalage vient quelquefois sur la chaussée elle-même. Au plafond de la boutique sont pendus un certain nombre de parapluies, depuis le prix de une piastre. Dans la boutique, vous avez de l'huile, du vinaigre, du vermouth, du bitter, de la graisse de cochon pour la cuisine, des conserves, etc. Une grande partie de ces produits ont été achetés à vil prix souvent, à ce qu'on appelle dans le français de Saïgon (style de fantassin) l'*onction*, c'est-à-dire auction (salle des ventes). Les conserves sont vieilles, souvent avariées, etc.

Vous trouvez encore dans les boutiques des souliers chinois à une piastre, à la semelle de cuir rouge mal tanné, hors d'usage souvent au bout de un ou deux jours, des pantoufles chinoises en jonc si commodes dans les pays chauds, un franc pièce, des sandales de malabar en bois, ayant un petit ergot que vous saisissez entre l'orteil et le premier doigt du pied. De cet ergot part à droite et à gauche une petite courroie fixe qui serre l'extrémité du doigt du pied, et maintient tant bien que mal appliqué contre le pied la sandale qui, dans la marche, fait entendre son tic-tac agaçant.

Vous trouvez encore des articles de France (articles de Paris ou d'Angleterre), je n'ai pas besoin de dire que ce ne sont pas des articles de première qualité.

Les articles qui se trouvent dans les boutiques du marché proprement dit se trouvent également dans les boutiques des maisons qui entourent le susdit marché.

Dans d'autres boutiques on débite aussi de la boisson : Quelle boisson ! Les clients les plus curieux de ces boutiques sont nos pauvres compatriotes, soldats d'infanterie de marine ou matelots disposés à s'empoisonner avec des liqueurs impossibles.

Du même côté, à l'angle de la rue d'Adran, il y a une maison de jeux, j'y reviendrai plus tard, car je trouve que la maison de jeux n'a son vrai cachet que la nuit. Un peu plus loin un orfèvre chinois tapote continuellement l'or ou l'argent, il fait semblant d'arranger les montres.

Une ou deux boutiques de malabars complètent, avec les boutiques chinoises, ce côté de la place du marché. On y vend des étoffes de cotonnade, des liqueurs.

Les malabars sont très forts pour tenir des débits de boissons, et on s'y dispute (c'est une vraie bénédiction du Seigneur). En faisant sonner les *r* (la lettre r semble être la lettre dominante de la langue indoue). Comme je crois l'avoir dit, les boutiques de la rue d'Adran, vendent les objets à un prix plus élevé.

Le marché de Saïgon se compose de deux hangars recouverts de paillottes ou de tuiles ; l'aspect en est assez misérable, il y a un passage au milieu de chaque hangar ; à droite et à gauche du passage sont les petites boutiques en plein vent ; en dehors sont les poissonniers, les marchands de fruits et de légumes.

Le marché est inondé de gamins avec leurs paniers traditionnels, toujours sur vos talons pour porter ce que vous avez acheté. De temps en temps vous trouvez une table sur laquelle est accroupi un malabar ou un chinois, changeur de monnaies.

Parcourant le marché de droite et de gauche, les malabars employés du fermier du marché vont à chaque marchand recueillir la dîme du jour en échange d'un petit morceau de papier qui constate le paiement.

Tous les cuisiniers chinois, annamites, etc., font leurs achats généralement au meilleur taux possible, car ils sont la plupart du temps à l'entreprise ; ils reçoivent une somme fixe par jour, deux ou trois francs en moyenne par tête d'Européen à nourrir, rien que pour le marché.

Les militaires viennent acheter là le complément de leur ordinaire ; vous les voyez sortir portant à deux un panier suspendu à un bambou, reposant sur leurs épaules ; autant la marche des annamites et des chinois est vive et prompte, autant celle de nos troupiers, quand ils sont chargés, est pesante, chacun des porteurs a à la bouche un de ces horribles cigares de Vevey (Suisse) aussi longs qu'ils sont mauvais et infumables. Le cortège est suivi par un caporal ou un sergent d'*ordinaire*, plus ou moins élégant.

Des chiens rogneux, comme le sont tous les chiens annamites, rodent librement dans le marché, principalement autour des étaux des bouchers chinois qui, le couperet à la main, débitent en morceaux leur éternelle viande de porc, peu faite pour aiguiser l'appétit européen.

A neuf heures les rares clients qui restent encore au marché se hâtent de partir, la chaleur devient très forte.

Dans les boutiques de denrées qui se trouvent dans le marché, on trouve différentes substances, dont voici les principales. (Voir, pour plus amples renseignements, la note A) :

Sur un tréteau, plus ou moins boîteux, élevé de trente centimètres environ au-dessus du sol, se coudoient un certain nombre de paniers ronds faits avec des bambous tressés ; dans ces paniers se trouvent par exemple :

1° Du sucre candi jaune plus ou moins sale, de provenance annamite, de la Province française de Bienhoà et des Provinces annamites de Phu-yên, de Quan-Nghia, de Quan-Nam (1 fr 50 c. le kilog.);

2° Du sel d'alun en cristaux (Phen) blancs d'origine chinoise ; sert à la teinture comme mordant et est très répandu, (un franc cinquante centimes le kilog).

3° (Catloï) du sable de mer à grains fins pour laver la tête (cinquante centimes le kilog.);

4° *Giay tiên, Thanh y, Vang bac*.) Du papier à sapèques. Variétés or et argent (de provenance chinoise).

Ces papiers sont destinés à être brûlés en l'honneur de Boudha.

On commence par brûler le Giay tiên, pour indiquer qu'on sacrifie ses sapèques (vulgairement son argent). Ce papier porte imprimées en noir sur fond blanc des sapèques.

Le Thanh y est un papier représentant les effets divers que l'on peut posséder dans ce monde, comme chemises, vêtements de toutes sortes.

Cela veut probablement dire qu'on est disposé à sacrifier *jusqu'à sa chemise* à Boudha, et à se présenter devant lui en malabar sans vergogne. Enfin, le Vang bac est un papier portant des petites feuilles carrées de couleurs métalliques argent et or. Cela veut probablement dire qu'on est disposé à sacrifier à Boudha ses bijoux d'argent et d'or. Tous ces papiers sont en cahiers ou en liasses (au prix de environ 5 centimes les 20 feuilles).

Du reste, il est excessivement difficile d'être renseigné exactement sur la signification exacte de la cérémonie qu'on accomplit en brûlant ces papiers, car on rencontre dans l'annamite comme dans beaucoup d'autres races, une force d'inertie et un mauvais vouloir difficile à surmonter quand on veut obtenir de lui des renseignements précis.

5° Thioc. (Du tabac d'origine annamite. 2 fr. le kilog.) Ce tabac est coupé en fibres trop grosses ; une des espèces qui sont le plus estimées est l'espèce venant de Long-thanh ; ce dernier tabac est coupé fin, il ressemble au Maryland, il est débité en planches longues de 20 centimètres environ, épaisse de 3 ou 4. On découpe ces planches en petits morceaux ;

6° Du poivre à gros grains, noir, à surface plus ou moins ridée, 1 fr. le kilog. Le meilleur poivre vient de la province de Hatien ;

7° Des pois verts annamites *dâu* xanh, à 0 fr 30 c. le kilog., sont petits comme des grains de poivre, les meilleurs viennent de Chaudoc, on les vend pilés quelquefois.

8° Des haricots blancs, *dâu trang*, 0 fr. 20 c. le kilog.

9° Une pâte de riz venant de Chine, ressemblant à de l'amidon (*bung*); se mange avec du sucre.

10° *Mi œoa*, une sorte de crêpe, mince, gélatineuse, de riz, se mange avec du sucre, 2 fr. le kilog; vient de Chine.

11° Des œufs, 10 pour 0 fr. 60 c., sont souvent pourris.

12° Giac. C'est une petite fibre blanche un peu jaune opaque, vient d'une espèce de pois. Les annamites mangent le giac cru.

13° Khe (probablement carambole) de forme oblongue, à angles rentrants, se mange en salade; quand il a été cuit, est alors gélatineux.

14° Traihoqua. Légume vert, oblong, couvert de petites aspérités, se mange cuit.

15° Cay-mit. Fruit du jacquier, est rond, de couleur jaunâtre, couvert de petites aspérités, plus gros que la tête, coûte un franc cinquante centimes.

16° Travai (litchi tuberculeux), vient de Chine, est séché au soleil, a le goût du pruneau.

17° Travhang. Petit fruit rond, vient de Chine.

18° Bentrang. Crêpes très minces faites avec du riz, se mangent croquantes saupoudrées de graines de sésame.

19° Bai hang. Fruit confit chinois, 0 fr. 15 c.

20° Rougiaby. Vin chinois (ce n'est pas du jus de la vigne, c'est une sorte de liqueur provenant, je crois, de la fermentation du riz). Une inscription en papier entoure le goulot de la dite bouteille, et vante, selon toute probabilité, les qualités de son contenu.

21° Hocé. Jolie sucrerie chinoise.

Dans les boutiques qui sont abritées, on a un véritable petit bazar où on trouve toutes sortes d'objet de ménage;

22° Hau-bao. Bourse portée par les annamites et par les chinois; elle est en soie et rehaussée par des ornements de fils de cuivre d'origine chinoise.

23° Caiday, bourse en soie d'origine chinoise, avec ornements brodés en soie; des fleurs ordinairement d'un côté, des caractère chinois de l'autre : Le tout est gracieux.

24° Pierre à feu d'origine chinoise.

25° Ong-Khoá, cadenas chinois en fer ou en cuivre original et ingénieux.

26° Miroir chinois avec portraits fixes et petits portraits mobiles semblant venir voir à la fenêtre ce qui se passe, quand on donne une secousse déterminée au miroir.

On trouve dans le marché une foule d'autres objets dont les détails seraient trop long à donner dans le texte, se reporter à la note A où on en trouvera une liste assez considérable.

On trouve au marché tout ce qu'il faut, sauf la bijouterie sérieuse, pour former le costume complet d'un annamite aisé : homme ou femme.

Costume complet d'une femme annamite aisée : un pantalon et des chemises en soie plus ou moins brochée. Le pantalon rouge et la chemise bleue sont le comble de l'élégance d'une congaï annamite. La chemise bleue recouvre une chemise blanche en contact avec la peau et est recouverte par une chemise noire, sorte de tulle.

On aura donc : pour une femme annamite :

Chemise blanche en soie..............	3 piastres.
Chemise bleue en soie	4
Chemise noire en soie................	5
Pantalon rouge en soie...............	3
Vaste chapeau rond	2
Jugulaire en soie pour chapeau;......	5
Souliers vernis	1
Total	23 piastres.

Bijoux.

Deux bracelets en or.................	60
Deux boutons d'oreille.............	12
Un piquet en or......................	6
Un collier en argent.................	4
Un collier en ambre	27
Un bracelet de jambe en argent,......	3
Une bague en or.....................	5
Total général.........	140 piastres.

Costume d'un annamite aisé :

Un pantalon blanc en soie................	1 pi. 50
Une chemise blanche en soie.............	3
Une chemise noire.......................	4
Coiffure, turban en soie noire............	5
Jugulaire en soie........................	2
Un chapeau.............................	1 pi. 50
Peigne en écaille........................	5
Ceinture en soie rouge annamite..........	3
Souliers................................	1
Mouchoir rouge.........................	» 80
Éventail................................	» 50
Bague en or.............................	5
Plaque à la ceinture.....................	» 50
Total.................	32 pi. 50

Ces renseignements me sont fournis par un jeune lettré annamite. Les prix donnés pour les costumes n'indiquent, bien entendu, qu'une moyenne. Nous savons tous, quand il s'agit d'objets de luxe, que les prix peuvent varier beaucoup.

En terminant cette description succincte du marché et de la vie intime *annamito-française*, je ne crois pas inutile de parler du taux exorbitant du loyer de l'argent.

L'Annamite prête quelquefois à 10% par mois soit 120% par an. Il est certain que le taux de l'intérêt est fort élevé en Cochinchine. Est-il à ce taux exorbitant de 10 % par mois ? Il est possible qu'il le soit pour certains fonctionnaires annamites qui abusent de leur situation et de leur influence sociale. Toutefois je ne crois pas qu'à Saïgon le taux dépasse 4 ou 5 %. Il y a à Saïgon plus d'un individu qui emprunte l'argent à 2 % pour le faire valoir. Du reste, on trouve difficilement à Saïgon des placements sérieux avec garantie sur hypothèques sérieuses, à 2 % ou à 1 1/2 % par mois.

Le taux légal est actuellement à Saïgon de 1 % par mois. Ce taux, je le crois, est trop faible pour le pays, eu égard à la moyenne du taux de placement. Le taux exorbitant du loyer de l'argent est évidemment une des plaies du pays. Il est évident que le taux légal de 1 % par mois est un peu trop faible et à priori ce taux me paraîtrait devoir être compris entre les limites de 1 et 2 % par mois. Je crois qu'un taux légal de 1 1/2 % par mois ne pouvant être dépassé dans les prêts hypothécaires, serait une solution acceptable actuellement comme taux légal de l'intérêt.

LA VIE A SAÏGON.

A Saïgon la vie d'un jour est la même que celle de la veille et que celle du lendemain.

Les jours où on attend le courrier de France sont les jours les plus intéressants pour tout le monde.

L'arrivée du courrier en vue de Saïgon, qui a lieu longtemps avant l'arrivée à Saïgon, à cause des sinuosités nombreuses du fleuve, est annoncée par une boule noire hissée au mât de pavillon, et appuyée par un coup de canon du vaisseau le Duperré. Le mouillage dans le port en face des messageries est signalé par un 2° coup de canon. Ordinairement on envoie au devant du courrier jusqu'au Cap Saint-Jacques un petit navire à vapeur qui saisit le paquet et le ramène à Saïgon, alors que la marée ne permettrait pas encore au courrier de monter vu son plus grand tirant d'eau ; c'est une petite avance de quelques heures qu'on achète un peu cher, mais qui a son utilité.

Le courrier reste 24 heures à Saïgon, ce laps de temps écoulé, il part pour Hong-Kong.

Quelques heures après l'arrivée du courrier, on va chercher à la poste les lettres qu'on peut avoir ; c'est le moment le plus intéressant pour tout le monde.

Quelques heures ou quelques jours après l'arrivée du courrier de France, cela dépend de l'époque de l'année, le courrier venant du Japon et de la Chine, arrive à Saïgon, y reste 24 heures, et emporte les lettres pour l'Europe. Les négociants à ce moment sont très occupés, ils n'ont que 24 heures pour dépouiller une correspondance volumineuse, prendre des déterminations importantes et les formuler. Quand à ceux qui ayant tout le temps de faire leur courrier à loisir trouvent le moyen de s'attarder jusqu'à la dernière heure, je ne les plains guère. Ce type curieux existe à Saïgon. Une fois les steamers partis, Saïgon retombe dans son calme plat.

M. un tel officier etc. est mort, l'enterrement aura lieu etc... tenue etc... C'est la circulaire la plus fréquente que M. le Gouverneur vous envoie. Je me trompe, il y en a une qui se présente souvent :

Le Gouverneur ne recevra pas, etc.

La grande distraction publique de Saïgon est la musique du vendredi soir à 8 heures 1/2, contrariée bien souvent par la pluie, comme cela arrive à presque toutes les musiques à heures et à jours fixes. Un certain nombre d'hommes, officiers, militaires, marins etc, se promènent en faisant les cent pas devant les musiciens ; les dames sont fort rares.

Il y a maintenant la grande distraction officielle, la soirée de quinzaine du Gouverneur.

Tous les 15 jours le Gouverneur par une circulaire visée, paraphée etc. annonce qu'il ouvrira ses salons. Qu'on se le dise !

La grange qui sert de salle de réception est munie à chaque extrémité de deux petites estrades plus élevées ; l'une des estrades sert de salon aux dames, l'autre sert aux musiciens ; on danse dans l'intervalle qui les sépare, la soirée commence souvent par une représentation théâtrale d'amateurs. L'estrade des musiciens sert de scène ; après la représentation, *branle bas de combat*, on enlève les banquettes de la salle de danse les dames vont s'asseoir sur leur estrade, et le bal commence.

Le vigoureux lieutenant de vaisseau ou l'énergique commis de marine fonctionne. Les dames, ah ! les dames : Mais chut, parlons bas ; toutes les colorations de peau y sont représentées depuis la teinte blême de l'Européenne exténuée par le climat jusqu'à la teinte foncée des soi-disantes Créoles. Enfin c'est très-bien. Lorsque jadis on était au 15 août, fête de l'Empereur, au 16 mars fête du prince Impérial, etc, le Gouverneur prononçait un petit discours. On est placé dans un appentis de la grange, c'est le ratelier. Le Gouverneur s'est assis en mettant à sa droite Mme X, à sa gauche Mme Y, (on en parlera longtemps dans Landerneau) en face de lui se trouve le Général. Après ce petit repas de famille, alors que la gaieté émoustillée par un petit vin de champagne est à son comble, le Gouverneur se lève, et d'une voix émue par la circonstance, prononce sa petite allocution ; il propose un toast aux dames de Saïgon qui ont la grâce de la Vierge Marie (qui en ont probablement toutes les qualités).

Chacune se retire ruisselant d'émotion et de sueur. Voilà les plaisirs officiels.

Se voit-on en revanche dans la vie intime? Peu je le pense, et je trouve cet usage déplorable.

Les hommes après leur dîner font une petite promenade, et finissent leur soirée au cercle. Comme je l'ai dit, la vie de la veille est la vie du lendemain.

La promenade à cheval ou en voiture de 5 heures 1/2 à 6 heures du soir est la distraction ordinaire, mais c'est toujours la même chose. C'est toujours le même gros Monsieur qui a l'air d'un maréchal de France avec son bâton, ou le même aide de camp maigre comme un coucou, qui se dessèche de ne pas être encore nommé capitaine de frégate, ou le même jeune *Bourbonnien*, qui oscille de droite, de gauche sur son petit rossard lancé au galop jusqu'à ce qu'il se soit décidé à tomber. La promenade ordinaire des voitures est la route qui mène à la ville chinoise de Cholon à 5 kilomètres de Saïgon ; à moitié route de Cholon se trouvent les Mares, caserne de quelques spahis qui sont restés à Saïgon.

Saïgon la nuit.

Supposons que partant à peu près du milieu de la rue Catinat artère principale de Saïgon, vous descendez la susdite rue jusqu'aux quais vers 8 heures du soir, que vous alliez reprendre à côté de la maison Wang-taï, la rue Rigault de Genouilly jusqu'à l'église, puis, que vous descendiez la rue d'Adran et que vous remontiez par la rue Chaigneau jusqu'à l'église, vous avez parcouru tout le quartier chinois de la ville. Je suppose donc que je descend la rue Catinat, depuis son intersection avec la rue de l'Eglise ; à droite et à gauche je rencontre des boutiques chinoises et quelques maisons françaises. La rue Catinat, c'est la grande rue des cordonniers, des tailleurs, des marchands de conserves etc. Les Chinois Apan, Atho etc. seront longtemps connus à Saïgon.

Dans la même boutique, il y a tailleurs et cordonniers ; dans cette échoppe située de plein pied avec la rue, vous pouvez entrer à volonté, tout est ouvert sur la rue, vous voyez 5 ou 6 lampes grossières avec abat-jour de papier, ces lampes sont posées à terre ou sur des tables basses ; autour de ces lampes sont 8 à 10 chinois le torse nu, les jambes croisées, travaillant les uns à un habit, d'autres à un pantalon, d'autres encore à un soulier.

La lumière projetée sur leurs épaules nues les éclaire d'une façon bizarre ; on commence par ne rien voir quand on entre dans ces boutiques ; dans le fond se trouve une grande image de Boutha en papier jaune, avec dessins rouges et bleus plus ou moins éclairés. Il y a souvent aussi un miroir à facettes qui étincellent à la lumière.

Derrière est une arrière boutique, c'est un *buen retiro* dans lequel je n'ai pas pénétré, le chien de l'échoppe vous a vu vous arrêter et regarder, il aboie après vous, car il n'aime pas les français.

Côte à côte sont là 5 à 6 boutiques. Qui a vu l'une a vu les autres. Passe une lanterne qui éclaire un restaurateur chinois ambulant avec ses deux plateaux qui chargent lourdement son épaule, il fait entendre son cri habituel, cri bien connu de sa clientèle. L'un des chinois de la boutique l'appelle : Le restaurateur ambulant s'arrête, se baisse un peu pour laisser reposer les plateaux sur le sol, retire son épaule de la tringle porteuse, souffle *un tantinet*, et se met immédiatement à préparer la pitance demandée, qu'il retire de 5 ou 6 vases différents (cela doit être excellent); il prend deux piments par ci, trois espèces de haricots par là, il souffle son feu pour ne pas laisser refroidir sa petite cuisine. Le client debout ou assis selon le temps qu'il peut consacrer à se nourrir, mange gravement et paye peu de chose. Le chinois part, son cri retentit un peu plus loin. Quelquefois, un boy annamite qui n'a guère pris du français que la méchanceté et la taquinerie, appelle exprès deux restaurateurs chinois à la fois, afin que ces pauvres diables se disputent sa clientèle, l'annamite ricane encore ; le chinois qui l'écraserait d'un coup de poing, n'ose trop rien dire.

Quelquefois vous entendez un grand bruit, drelin drelin. C'est un de nos aimables compatriotes en gaieté qui a cru spirituel et intelligent de renverser la cuisine ambulante du pauvre diable de restaurateur.

Mais à côté de vous, dans l'obscurité retentit une petite voix argentine, douce, plaintive, mélancolique ; dans ce pays brutal et grossier cela vous émeut vivement, et vous charme profondément : *Oh ah mioumohiao*, est le cri du petit garçon de 7 au 8 ans qui parcourt les rues portant sur la tête un panier contenant de petits morceaux de cannes à sucre longs de 20 centimètres environ, deux pour un sou, ce n'est pas cher ; on les pèle, ou on leur donne deux ou trois coups de couteau pour faire des incisions, permettant au jus sucré d'arriver par la succion des lèvres ; tous les peuples orientaux, annamites, chinois, malais, indiens, bourbonniens trouvent ce jus délicieux ; tous les goûts sont dans la nature.

Sur la gauche de la rue, je vois la boutique du chinois Apan, toute étincelante du fer blanc des boîtes de conserves et du verre des bouteilles de liquides divers.

Plus loin dans l'ombre, au coin de la rue, quel est ce personnage mystérieux avec un vêtement bleu, une calotte de drap bleu cylindrique, et un sabre au côté.

« Le sabre de son père » !

C'est un veilleur de nuit, qui chaque nuit est sensé empêcher les magasins de son patron d'être dévalisés.

Les voleurs sont audacieux à Saïgon, je suis un peu payé pour le savoir.

En face se trouve la fameuse salle des ventes (ou Auction) ; Elle est fermée, bien entendu.

Plus bas, on rencontre 7 ou 8 autres ombres noires, ce sont les remises, écuries, chambres des malabars loueurs de voitures. Quelques formes noires aussi peu vêtues que possible frottent, tourmentent, houspillent, attellent de tristes chevaux à de tristes voitures : tout cela grouille en bredouillant une langue où comme je l'ai dit les *r* se font entendre plus souvent que de raison, surtout quand il y a dispute, ce qui arrive assez fréquemment aux cochers en général et aux malabars en particulier : Rien de plus sale du reste que leurs voitures, où le corps tout frotté d'huile de coco, ils se prélassent dans un doux sommeil en attendant le client.

Me voici devant la boutique du chinois Atho succursale de celle du chinois Apan. Je suis arrivé au quai. Là se trouvent quelques cafés français, dont les clients s'écoulent peu à peu plus ou moins bruyamment.

Je suis le quai et remonte la rue Rigault de Genouilly, je la quitte presque immédiatement, et j'entre dans une petite rue fort courte, située derrière la maison Wang-taï. Cette rue est composée de deux parties à angles droit ; à droite et à gauche sont les maisons de jeux les plus fréquentées de tout Saïgon et d'autres établissements plus mal famés. Devant l'ouverture béante de chaque maison comme devant toutes les boutiques chinoises pendent de grandes lanternes sphériques ou cylindriques en papier colorié de diverses façons avec inscription en caractères chinois gigantesques. Une certaine animation règne dans cette rue, il y a bien là 4 à 5 maisons de jeux.

Les joueurs sont tellement absorbés que vous pouvez prendre, sans crainte d'être dérangé, la nature passionnée sur le fait. Comme je le disais, il n'y a pas de porte à ces boutiques de jeux, comme dans presque toutes les boutiques chinoises. La paroi de la maison faisant face à la rue n'existe pas au rez-de-chaussée ; vous entrez de plein pied dans une petite chambre où trois ou quatre chinois président le jeu. Sur une natte est posée une petite plaque carrée en bois avec les quatre premiers chiffres de la numération décimale, placés chacun au milieu de chaque côté de la planchette.

On met les mises au-dessus ou en face du numéro qu'on apprécie convenable ; on stipule des conditions spéciales par un petit carton jaune ou rouge avec des caractères chinois, carton que l'on pose sur sa mise. *Allons, Messieurs, faites le jeu, rien ne va plus.* Le croupier a devant lui un tas de petites pièces jaunes de la taille d'un louis, il en englobe un certain nombre dans une petite tasse à thé sans queue renversée sur le tas, il isole ainsi le nombre de piécettes qui doit décider du gain ou de la perte, il amène son trésor à une certaine distance du gros tas et il enlève sa tasse. Un deuxième croupier, ou même un amateur muni d'une longue baguette en bois, compte les jetons de cuivre en les rangeant quatre par quatre, l'émotion est à son comble. Quelquefois le premier croupier fait durer le plaisir, s'il a conservé quelques jetons sous la tasse, il double ainsi ou il triple les émotions. Pendant cette opération, un troisième croupier, le croupier payeur a commencé un chant monotone, c'est le chant de la mort ou du triomphe ; il reste un, deux, trois ou quatre jetons, l'heureux porteur gagne alors trois fois sa mise, sauf *une petite retenue.* Cela dure des heures et des heures. Le chinois est ému sur toute la ligne ; émus sont les croupiers, émus sont les amateurs ; la sueur ruisselle sur tous les visages.

Là sont les gros joueurs, pour leur faire honneur, la natte posée est étendue sur la table à hauteur de ceinture environ, au lieu d'être étendue sur le sol, comme dans les maisons de jeux vulgaires. Dans cette baraque la moindre mise est une pièce d'argent, ce ne sont pas seulement des soldats ou des marins qui jouent et fraternisent avec les enfants de l'empire du milieu.

Dans les autres boutiques de jeux à Saïgon, comme je l'ai dit, la natte est placée sur le sol autrement c'est absolument la même façon de jouer. Là se coudoie le soldat avec son veston bleu et son salaco blanc, ne doutant aucunement de sa grande supériorité sur les races asiatiques, le matelot en goguette, au col débraillé, au chapeau en casseur ; là se glissent le panier avec son gain du jour, le boy avec l'argent de son maître, s'il perd, il volera, s'il gagne, il volera ! Ce qu'il y a à Saïgon de ces boutiques de jeux est effrayant, peut-être quarante, sans compter celles de Cau-Ong-Lanh et celles de Cholon.

Presque toute la journée, et le soir surtout, vous entendez le chant monotone du croupier chinois, ou le son métallique de ses jetons en cuivre qu'il met dans un grand sac de toile, dont il tient les extrémités dans chaque main en le secouant fortement pour appeler le client qui ne se fait guère attendre.

Tout le monde joue.

Mais sortons de cette petite ruelle, où nous sommes restés bien longtemps, nous pouvons voir à travers des barreaux de bois, comme des bêtes féroces derrière leurs grilles, les femmes habillées en chinoises, vêtues d'une espèce de chemise aux manches larges, de couleur sombre. Elles vous feront toutes les propositions qu'elles croiront les plus engageantes.

Nous sommes bien vite arrivés sur la place boueuse et imprégnée d'odeur fétide du marché ; nous voici dans la rue d'Adran, là nous trouvons de nombreuses boutiques de jeux, quelques marchandes de fruits, de cannes à sucre, ont leur étal mobile sur la voie publique, elles débitent leurs produits aux chinois, charrons, carrossiers, menuisiers de la rue etc., Nous voici arrivés à l'église, nous avons visité à peu près tout le quartier chinois. J'entends une sonnerie lointaine mélancolique, 9 heures, c'est l'extinction des feux au camp des lettrés ; le tamtam des Matas de l'inspection de Sagïon se fait entendre, reprenons le chemin de nos marécages ; allons bon ! la mer est forte, il y a dix centimètres d'eau sur la route, mais en revanche on ne voit pas clair, ah ! me voici enfin à la planche de salut, je suis au pont, pourvu qu'il ne s'écroule pas sous moi, bonne nuit ! Saïgon (si c'est possible) !

DEUXIÈME PARTIE.

Nous sommes restés à Saïgon quelques semaines, nous avons vu les habitants de cette ville européens et asiatiques. Nous avons payé notre tribut au climat du pays, par quelques jours de l'indisposition la plus commune en Cochinchine, notamment à Saïgon. Dans nos promenades en voiture, nous sommes allés jusqu'à la ville chinoise de Cholon. Nous avons visité les pagodes qui sont assez remarquables, à l'extérieur surtout par les poteries cuites, ornant les arêtes diverses de ces constructions de monstres, dragons plus ou moins fantastiques bleus, rouges et verts à la langue enflammée, aux yeux terribles sortant des orbites, aux épines hérissées sur le dos, à la queue aux replis tortueux, etc.

Cholon est une ville fort peuplée, entre les mains des chinois, qui font le grand commerce de riz de la Cochinchine. C'est la résidence d'un inspecteur des affaires indigènes.

Nous sommes allés de l'autre côté de Saïgon, par la route de Govap, en inclinant un peu sur la gauche de ladite route, visiter le tombeau de l'évêque d'Adran, mort, il y a une centaine d'années bientôt, il est à trois ou quatre kilomètres de Saïgon. Dans un bosquet d'arbres situé au bord d'une vaste plaine de rizières s'étendant fort loin du côté de Tong-Kéou (la plaine des tombeaux), s'élève une sorte de pagode. Cette pagode est, comme les pagodes annamites ordinaires, recouverte de tuiles, vous pénétrez dans l'enceinte qui l'entoure et vous vous trouvez devant une grande pierre plate placée verticalement, sur cette pierre est une inscription en caractères annamites, reproduisant les titres de l'évêque d'Adran à la reconnaissance du souverain et de son peuple pour les services qu'il avait rendus au pays, services qui lui ont valu l'érection de ce tombeau dû à la munificence du roi. Derrière cette pierre se trouve une des entrées du tombeau proprement dit.

Le gardien chinois, attentionné pour les visiteurs, ouvre les portes de la pagode ou du tombeau, vous vous trouvez devant un prisme rectangulaire de maçonnerie de un mètre environ de hauteur, sous lequel est la dépouille mortelle de l'évêque d'Adran; derrière le tombeau se trouve un petit autel où on peut dire la messe. Je n'ai pas à revenir ici sur les services que l'évêque d'Adran rendit aux souverains de la Cochinchine, il y a près d'un siècle. Il faisait partie de ces français courageux qui, à la fin du siècle dernier, surent faire aimer notre nom en Cochinchine. Il faisait surtout partie de ces missionnaires énergiques qui ont porté, portent ou porteront haut et ferme jusqu'à la fin des siècles le drapeau de la foi catholique, jusque dans les contrées les plus lointaines. Ce n'est pas sans émotion que l'on voit le tombeau de l'évêque d'Adran. A l'entrée du bosquet où se trouve le tombeau, on rencontre la pierre tumulaire d'un de nos missionnaires, mort il y a quelques années dans les cachots du dernier souverain d'Annam.

Une pierre plate de granite placée verticalement, porte une inscription qui indique quel est le martyr dont la dépouille repose en cet endroit.

Je me rappelle avoir vu ce tombeau aux derniers rayons du soleil couchant qui faisait étinceler les caractères de l'inscription. La nature était paisible, quelques buffles paissaient devant moi dirigés par un petit annamite, heureux de fouler ce sol de rizières sur lequel s'élevaient deux ou trois misérables caï-nhas.

Nous reprimes de nuit le chemin de Govap, quelques minutes après nous étions revenus à Saïgon.

Une autre fois nous avons traversé l'arroyo-chinois et nous sommes allés au Fort du sud en passant par les caï-nhas situées au bord de la rivière de Saïgon et en aval.

Une autre fois encore nous avons traversé l'arroyo-chinois et remonté le long de la rue opposée à Cau-Ong-Lanh, en suivant une rangée de caï-nhas annamites construites au bord de l'eau. Il y a là une petite église catholique que je n'ai pu visiter, les portes en étant constamment fermées. Le presbytère se trouve à côté, je ne sais pourquoi il m'a semblé que le curé n'était pas souvent dans sa paroisse.

Il y a deux briqueteries le long de l'Arroyo, elles appartiennent à Wang-Taï. Enfin en face de Saïgon de l'autre côté du fleuve, se trouvent un autre village catholique et les ateliers d'un constructeur de bateaux.

Toutes ces petites excursions vous donnent une idée superficielle de la Cochinchine et ne font que rendre plus vif le désir que nous avons de faire une véritable excursion dans l'intérieur du pays.

Nous nous décidons donc à partir et à aller à Tay-Ninh en remontant le Vaïco dans un bateau de rivière. Nous sommes deux il nous faut faire les préparatifs de départ, il nous faut emporter des provisions pour une excusion de peut être un mois. Trois ou quatre jours sont nécessaire pour aller à Tay-Ninh, il en faut autant pour revenir. Le reste du temps sera employé à visiter le pays notamment la montagne de Tay-Ninh la plus belle peut-être de la Cochinchine.

Que faut-il emporter ?

J'insiste sur ce point fort important. Il faut avoir l'esprit de prévision ; car en voyage on ne trouve pas souvent moyen de se procurer ce que l'on a oublié et dans certains cas cela est fort gênant.

Préparatifs d'un voyage dans l'intérieur de la Cochinchine.

Matériel nécessaire.

La première chose à avoir pour partir c'est un bateau, vous avez demandé un bateau à un nombre déterminé de rameurs et on vous annonce que le bateau est trouvé, il faut aller le voir vous même. Ne vous en rapportez à personne de ce soin. Partez du reste de ce principe que vous serez toujours mal dans un bateau annamite, mais il y a des degrés dans le mal (si on devait voyager beaucoup en Cochinchine, il faudrait se faire construire un bateau spécial qu'on disposerait comme on l'entendrait, de façon qu'on pût écrire etc.)

Première chose à examiner : 1° Voir si on peut se tenir assis sous le roof dans le bateau. Il est horriblement pénible de passer plusieurs jours dans un bateau sans pouvoir se tenir autrement qu'allongé ou ployé en deux.

2° Voir si le roof ou toit du bateau est en bon état ; car si vous avez pendant plusieurs jours de la pluie et que vous soyez dans un bateau à la toiture laissant par trop à désirer, vous serez mouillés, exposés à toutes les suites de votre imprudence ou de votre malheur. Il faut bien se dire que dans la mauvaise saison, les pluies sont si violentes et durent quelquefois si longtemps qu'il est bien rare de trouver un bateau dont le toit reste parfaitement étanche, car il n'y a en général qu'une seule épaisseur de paillotte au toit ; il se forme alors des gouttières et vous devez, dans une immobilité stoïque, recevoir l'eau qui vous coule, je ne dirai pas goutte à goutte, mais en petits filets abondants sur le corps, sans le moindre respect pour aucune partie de votre être.

Il faudrait, disons ceci en passant, comme toiture du roof une couverture légère en tôle mince entre une double couverture en paillotte. Quand vous vous êtes assuré que le toit est à peu près présentable, partez, si non, donnez des ordres pour qu'on fasse les réparations convenables et ne partez qu'après vous être assuré par vous même qu'on a fait ce que vous aviez demandé.

3° Voir ou plutôt vérifier si le bateau a bien *le nombre de rames* et *les rameurs* demandés.

4° Voir s'il y a deux bonbonnes pour l'eau douce, l'une pour vous, l'autre pour les annamites de l'équipage.

5° Voir s'il y a du bois à brûler pour votre cuisine. (Nota) en faire acheter, car il n'y en a jamais.

6° Voir si le roof du bateau est assez grand pour vous et pour vos compagnons.

Quand vous avez rempli ces différentes conditions, vous pouvez faire procéder à l'embarquement de votre matériel. Vous devez emporter pour chaque Européen un matelas cambodgien, sorte de petit matelas se pliant sur lui-même, bourré du coton de l'arbre à coton du pays, son prix est de quelques piastres, une couverture de laine, une paire de draps, un petit oreiller de tête annamite, sorte de coussin prismatique que vous trouverez dans presque toutes les caïnhas, enfin une moustiquaire de quelques piastres. Joignez à cela deux nattes et une courroie de cuir. Vous faites un paquet du tout en mettant une natte en dessous, une natte en dessus, roulant le tout et l'attachant avec la courroie.

Dans le bateau, vous étendez une natte sur le plancher, puis le matelas et la couverture, enfin la deuxième natte. Vous accrochez la nuit la moustiquaire au-dessus du matelas pour vous préserver des moustiques. (N'allez pas au moins compter y réussir). Joignez à ce matériel un pot à l'eau et une cuvette en fer et vous aurez ce qui est à peu près indispensable pour un voyageur.

Vivres.

Il vous faut emporter des boîtes de conserves en calculant qu'une boîte ordinaire représente à peu près deux rations.

En général, je crois qu'il ne faut avoir des conserves que comme réserves et suppléments, quand le dîner est par trop insuffisant.

Vous pouvez trouver facilement à Saïgon des conserves de pois, haricots blancs, haricots verts, champignons etc dans le prix de 1 ou 2 francs la boîte, des pâtés de foie (4 rations) à une piastre etc.

Ayez surtout des boîtes de bouillons, ces boîtes sont précieuses. Un bon potage soutient mieux que quelque ce soit, c'est un de derniers aliments que l'estomac délabré des Cochinchinois supporte le plus longtemps.

Depuis 1867 le bouillon Liebig (extractum carnis) commence à se répandre. Un avantage de cette préparation, c'est la grande proportion de matière nutritive qu'elle contient sous un faible volume ; un second avantage c'est qu'elle est solide et peu susceptible de s'altérer et de s'aigrir comme les bouillons liquides.

Pour s'en servir, avec une spatule on en prend quelques grammes qu'on fait dissoudre dans de l'eau chaude, et on a un bouillon fort admissible.

Dans le choix des boîtes de conserves il faut faire attention à ne prendre que celles dont les fonds ne sont pas devenus convexes. Ce qui indique la plupart du temps une décomposition putride du produit et un dégagement de gaz.

Outre les conserves comme provisions générales, il faut avoir des bouteilles de graisse de porc pour faire la cuisine au prix de 0 fr. 70 c. l'une. Une fois ces bouteilles achetées, je conseille de les fermer à la cire si on ne veut manger toute sa cuisine *à la fourmi*. Les fourmis très friandes de graisse percent le bouchon des bouteilles et trouvent par centaines une mort délicieuse dans le produit qu'elles renferment.

(Détail important).

Les cuisiniers de ce pays, *ayant la main très lourde*, en tenir compte.

Il faut en outre avoir des pommes de terre chinoises ou françaises et des oignons secs.

Ne pas oublier d'emporter du sucre blanc. Pour conserver ce produit, il y a encore à lutter contre la fourmi, notre ennemie acharnée de tous les instants ; il serait à désirer, au double point de vue des fourmis et de l'humidité du pays que le sucre se vendit dans des boîtes de deux ou trois kilog en fer blanc avant le couvercle soudé.

Il faut emporter des bouteilles d'huile et de vinaigre, du sel et du poivre, des pots de moutarde, des pots de cornichons, etc.

(Nota) ne pas emporter ces petits huiliers si répandus en Cochinchine à couvercles en cuivre. Ils sont incommodes et dangereux.

Vins.

Emportez le nombre de bouteilles de vin que vous croirez convenables en tenant compte du déchet de la casse. Deux bouteilles de 75 centilitres chacune, me paraissent suffisantes par homme et par jour.

Café et eau-de-vie, vermouth, bitter, absinthe, ingrédients dont on est obligé de se servir pour essayer de se donner un peu d'appétit d'une façon factice.

Du biscuit comme réserve. Il faut être sévère sur son choix, car il arrive souvent piqué et a une odeur de cancrelat infecte.

La ration que l'on donne aux militaires peut fournir d'utiles renseignements. Elle est ainsi composée de :

- Pain.......... 0 k. 750 (suffisant).
- Vin............ 0 l. 46 centil. J'ai dit plus haut de compter sur deux bouteilles de 0 l. 75 centil.
- Viande........ 0 k. 300 grammes (suffisant).
- Tafia.......... 0 l. 06 centilitres (suffisant).
- Café .... 0 k. 025 grammes (suffisant).
- Sucre .... 0 k. 020 grammes (suffisant).

On peut se procurer du pain frais dans presque tous *les postes de Cochinchine*.

(Nota.) Le pain ne peut guère se garder plus de quatre jours, à cause de la moisissure.

Éclairage.

Comme éclairage, ayez deux fortes lanternes avec un cercle de gros fils de fer pour garantir le verre (système de la marine). Emportez de l'huile de coco et des mèches pour l'usage de ces lanternes.

Un point capital, c'est d'avoir au moins deux bons filtres pour l'eau. Il y en a un pour le service et un autre en réserve. Il est indispensable en Cochinchine de ne boire que de l'eau filtrée. On vend à Saigon pour une ou deux piastres des filtres, sorte de bouteilles de grès poreux au col à emmanchement en métal. On doit boucher à peu près le goulot de la bouteille qui flotte vide dans le récipient. La bouteill remplit assez rapidement d'eau filtrée que vous pouvez verser dans des gargoullettes en terre qui sont cassées bientôt. On peut emporter aussi le filtre charbon (système vulgaire.) C'est un cylindre de charbon poreux.

Comme ustensiles de cuisine et de gamelle emportez le moins de choses possible, ayez presque tout votre matériel en fer. Ayez des couteaux munis de tire bouchons.

Ayez un individu responsable du matériel qui en fasse une revue rapide, chaque fois que cela est nécessaire, si vous ne voulez pas voir tout disparaître, ce qui est immanquable, et si vous n'admettez pas qu'on vous fasse la réponse stéréotypée, quand vous vous apercevez qu'un objet a disparu : (Oh ! il y a bien longtemps que cela est arrivé), douce réponse qui prouve d'une façon bien détournée, il est vrai, que les hommes (domestiques) sont bien les mêmes dans tous les pays.

Si vous avez apporté avec vous des cantines d'officiers pour la batterie de cuisine et pour la gamelle, pour quatre personnes, par exemple, c'est le moment de les utiliser. Ces cantines sont fort commodes quand elles sont bien disposées. Elles sont dans des caisses fort solides munies d'anses en fer permettant de les accrocher de chaque côté du bât d'un mulet. Le prix de ces cantines est malheureusement fort élevé. Avec quelques modifications de détails on pourrait approprier à la Cochinchine celles que l'on fabrique à Paris. Il faut se rappeler, dans la construction de ces boites ce principe : n'avoir en Cochinchine aucune boite à compartiments *collés à cause de l'humidité, tout doit être vissé*, ne faire aucune attention aux observations contraires que ne manqueront pas de vous faire les marchands ou fournisseurs quelconques, peu désireux de changer leurs types. Actuellement ces boites n'existent pas en Cochinchine ; je supposerai donc que vous ne les avez pas.

Ayez un certain nombre de paniers en rotin munis de deux anses et d'un couvercle, numérotez ces paniers et inscrivez ce que vous mettez dans chacun d'eux. Ayez sous la main les provisions courantes et le reste au *magasin général* à fond de cale, ordinairement sous les planches mobiles servant de planchers au bateau. Si ne doutant de rien, vous dédaignez ce petit conseil *comme cela du reste ne manquera pas d'arriver la plupart du temps*, l'expérience vous apprendra bien vite tout l'agrément qu'il y a dans un bateau où il n'y a pas beaucoup d'espace pour se remuer, tout l'agrément qu'il y a, dis-je, à être dérangé cinq ou six fois dans une journée pour avoir soit une bouteille de graisse soit une douzaine d'œufs. Vous vous installez pour le dîner, allons bon !

c'est maintenant le vin qu'on a oublié ; vite à fond de cale. On refoule tout à droite et à gauche : matelas cambodgien, etc., etc., on se blottit dans son coin, les jambes recoquillées sous soi-même en se faisant aussi petit que possible, quand on lève une ou deux planches du plancher. Vous êtes blotti dans votre coin à tribord, ce n'est pas à bâbord qu'est le panier de vin ! Cherchez ? c'est justement à tribord du même côté que vous ! Il faut tout remettre en place, puis tout déranger. Vous passez au-dessus de l'abîme entr'ouvert sous vos pas, vous ne manquez pas d'y laisser tomber soit un couteau, soit une pantoufle qui s'en va clapoter agréablement à fond de cale. Pendant ce temps dans votre coin, vous ne pouvez faire aucun mouvement, les moustiques qui ne manquent jamais une occasion de vous être particulièrement agréables, s'abattent avec volupté sur tous les points de votre corps qui leur sont accessibles et vous causent beaucoup d'agrément ; O patience, patience ! Quelle vertu des dieux ! Enfin on a sorti du vin ; vous vous installez de nouveau pour essayer de manger. Allons bien ! c'est le tire-bouchon qui est oublié ; puis c'est une boîte de conserves, c'est le sel ou le sucre, etc. Il faut donc que vous présidiez vous même à tout, ne comptez pas sur votre cuisinier, bien entendu. Si vous avez un aide-blanc, ne comptez pas beaucoup plus sur son intelligence ni sur son esprit de prévision ; Quand même il serait créole !

Le matin de votre départ vous avez fait acheter toutes les provisions de marché qui peuvent se renouveler plus ou moins dans l'intérieur du pays : comme poulets, canards, œufs, fruits, viande. (Rappelez-vous que la viande ne dure que 24 heures en Cochinchine.)

Achetez du riz (paddy) pour les volailles.

N'oubliez pas surtout d'avoir une petite provision de bouchons, de pointes de Paris, de ficelles, cela sert toujours.

Je ne vous parle pas des armes. C'est ce qu'on oublie le moins en général, ce qui n'empêche pas que la plupart du temps on soit aussi mal armé que possible. L'essentiel est d'avoir sous la main, une arme pouvant opérer son action immédiatement.

Je crois que deux revolvers maintenus au sec toujours à portée la nuit et un bon fusil-carabine à bayonnette sont les meilleures armes à avoir.

Il est toujours utile de veiller. Des hommes prudents et tranquilles seront bien rarement attaqués en Cochinchine ; mais il faut faire toujours attention la nuit.

En général, en Cochinchine dans les voyages en arroyos il ne faut pas être pressé, là comme partout il faut s'armer de patience.

Je ne parle pas des voyages en canonnières qui se font dans des conditions tout-à-fait différentes.

Si vous voulez faire un voyage fructueux comme observations, il vous faut avoir un interprète annamite intelligent et surtout ayant bonne volonté. *C'est un oiseau rare à dénicher. Il coûte 18 piastres ou 100 francs par mois environ.*

———

La Cochinchine française est un pays sillonné de cours d'eau et de canaux. Les cours d'eaux sont désignés sous le nom d'arroyos, il suffit de jeter un coup d'œil sur la carte pour voir combien les communications d'un point à un autre sont faciles au moyen de ces voies qui sont navigables pour la plupart, même pour d'assez gros navires, notamment le fleuve du Cambodge et les Vaïcos occidental et oriental. Les voies de communication par terre sont infiniment plus difficiles. Du reste, les voies de communication par eaux sont tout indiquées dans un pays qui est inondé en grande partie pendant plusieurs mois de l'année.

On circule en Cochinchine, au moyen de bateaux de deux espèces : les premiers sont des bateaux de mer appelés Gaëbao, les seconds sont des bateaux d'eau douce de différentes appellations et de formes variables ; on les nomme ordinairement Sampans.

Ces bateaux ont une grandeur variant de la taille d'une petite pirogue où une seule personne peut tenir, jusqu'à la taille du bateau pouvant contenir une vingtaine de personnes ; ils ont tous à peu près la même forme. Dès qu'ils atteignent une certaine grandeur, la partie médiane du bateau est recouverte par une sorte de toiture faite d'un réseau de bambous supportant une couverture en paillottes. La section de ce toit est à peu près demi-circulaire, il se compose généralement de trois parties, une partie fixe, et deux parties mobiles qui peuvent glisser sur la partie fixe.

Les deux parties mobiles servant à augmenter la capacité de l'espace que l'on peut mettre à l'abri du soleil et de la pluie, compagnons aussi dangereux que désagréable du voyageur en Cochinchine. Le sampan le plus petit de dimension n'a qu'un seul aviron, lequel développe son action tout près de l'arrière du bateau. Ce bateau est dénué de gouvernail et l'individu qui manœuvre l'aviron, doit donner en même temps l'esquif l'impulsion en avant tout en le faisant aller à droite et à gauche par un mouvement de godille aussi peu sensible que possible; le rameur est placé complétement sur l'arrière du bateau, il se tient debout sur une petite plate-forme en bois, la face tournée en avant, son aviron pivotte autour d'un grand tolet en bois placé verticalement avec lequel il est relié par un lien de rotin coupé fin ou par une ficelle de cocotier. De temps en temps il arrose ce lien avec de l'eau pour empêcher la rupture de ses fibres.

Debout à l'arrière de son bateau, l'annamite doit donner son coup d'aviron en se portant en avant et en gardant l'équilibre.

Les Annamites sont très habiles dans ce genre d'exercice : hommes, femmes, enfants, tous savent conduire un petit sampan. Ces petits sampans sont souvent faits d'un seul tronc d'arbre, le plus employé étant l'arbre à résine (caidau.)

Dans les grands sampans on a plusieurs avirons, quatre en avant par exemple, et deux en arrière.

Souvent l'homme qui est à la barre manie aussi l'aviron, son pied lui sert pour le gouvernail comme lui servirait une troisième main.

Dans un sampan de taille moyenne, il y a généralement quatre parties : à l'arrière, la petite plate-forme de l'homme au gouvernail (*Ap. Khâu*). Devant lui, à un niveau inférieur, un espace planchéié (non recouvert par le toit) dans lequel existe généralement une espèce de grand fourneau en terre cuite. Il sert aux annamites pour préparer ces excellents repas qui sont l'horreur des estomacs français. Faisant pendant de l'autre côté, est un grand vase en terre cuite ayant soit la forme cylindrique, soit la forme d'une grande bonbonne en grès ; c'est le réservoir d'eau nécessaire pour les besoins de l'équipage. On le remplit aux endroits convenables.

Les arroyos de Cochinchine contiennent, la plupart du temps, de l'eau qui passe par tous les états intermédiaires entre l'eau douce et l'eau de mer, contenant en outre malheureusement une grande quantité de débris d'origine végétale et animale qui en rendent l'usage d'un effet déplorable, et qui sont pour moi une des causes principales décimant notre colonie par des dyssenteries cruelles qu'elle contribue à provoquer.

"Les voiles des grands sampans sont faites généralement en paillottes, de la plante (*Labuoug*). Elles laissent passer le vent en grande partie et sont d'un maniement difficile.

Après le premier plancher dont j'ai parlé, vient la partie du bateau recouverte par une toiture, et enfin l'avant, où se tiennent presque tous les rameurs.

Le costume des rameurs est on ne peut plus simple. Il est généralement le même pour tous les annamites : Une sorte de grande moresque aux jambes courtes, faisant l'effet d'un grand caleçon, constitue, avec un mouchoir noué sur le front, tout le costume des annamites. Ce vêtement a été primitivement blanc ou bleu, mais il est toujours sale.

Un certain nombre d'hommes de petite taille, aux cheveux longs, noirs, retenus enroulés sur la tête par leurs mouchoirs, ou déroulés sur le dos et tombant presque jusqu'à la ceinture, ayant la peau bronzée, couverte la plupart du temps de cicatrices d'origines variables, constitue un équipage annamite.

L'équipage a généralement un chanteur qui ne cesse que très rarement de faire entendre des sons qu'il trouve probablement très-mélodieux.

Le chant consiste presque toujours en une sorte de trille avec émission de la voix arrêtée brusquement. C'est assez monotone, mais ce chant ne manque pas cependant d'un certain charme qu'il faut savoir apprécier. Du reste, obtenir le silence d'un équipage annamite est très difficile; il aime essentiellement à parler.

L'Annamite, quoique très paresseux, est susceptible de pouvoir développer à l'aviron un très long travail; mais il cherche toutes les occasions possibles de se reposer, sous prétexte de faire une cigarette, de prendre sa feuille de bétel, d'y étendre une petite couche de chaux teintée en rouge et de broyer le tout entre ses dents avec un morceau de noix d'arec.

L'Annamite a une grande qualité : c'est qu'il n'est pas difficile à nourrir. Un kilogramme de riz, un peu de poisson avec quelques piments lui suffisent parfaitement, le tout arrosé d'une espèce de condiment qu'on appelle *Nùoc Mam*: C'est de l'*eau de poisson* résultant de la fermentation putride des poissons.

L'Annamite boit quelquefois une sorte d'eau-de-vie obtenue par la fermentation du riz ; cette eau-de-vie s'appelle *Chum-chum*. Mais on peut dire, à la louange de l'Annamite, qu'on le rencontre bien rarement ayant abusé de cette boisson.

Outre quelques ustensiles en terre ou en porcelaine très commune, il y a encore dans le bateau un certain nombre de grands couteaux (sabres) que les français appellent vulgairement *coupe-coupe* et les annamites *Giao*. Ces instruments jouent un grand rôle dans la vie annamite; malheureusement, depuis l'occupation française, ils ont servi à commettre bien des crimes.

Il ne faut pas oublier le chapeau des annamites; du reste, l'étude du chapeau est on ne peut plus curieuse, il y a un nombre de formes des plus variées; il y a deux types principaux que j'ai vu employer par les rameurs. Il y a le chapeau rond ayant la forme d'un couvercle de soupière surbaissé qui serait surmonté d'un très gros bouton.

La partie intérieure de ce chapeau correspondante au bouton est creuse et sert de réservoir d'air au-dessus de la tête; ce chapeau est formé de deux treillis de bambou renfermant entre eux une couverture de feuilles de bambou. Le rebord du chapeau est formé d'une couronne de bambou relié par une cordelette bien faite de rotin très-fin. Le fond intérieur de ce chapeau est tapissé d'une petite feuille de papier rouge orangé.

Le deuxième chapeau a la forme d'un éteignoir; il est fait avec des feuilles de cocotier d'eau reliées avec du rotin. Ce chapeau a l'avantage de pouvoir se faire très rapidement presque partout en Cochinchine.

Il faut toujours, quand on pose le pied sur un bateau annamite, faire attention, car les planches qui constituent le plancher reposent ordinairement sur des rebords qui ne sont pas suffisamment larges, et, par suite, on peut facilement faire la bascule et se blesser grièvement.

Depuis l'administration française, les bateaux doivent être munis d'une lanterne qu'on attache au mât; ils portent en outre à l'arrière un numéro; le patron du bateau est porteur d'un laisssez-passer indiquant le nombre d'hommes d'équipage On ne peut qu'approuver ces mesures d'ordre qui doivent tendre, dans une certaine limite, à diminuer la piraterie, si fréquente dans les arroyos de Cochinchine. On peut dire que, dans l'année 1869, un Français ne pouvait circuler seul dans un bateau annamite avec une sécurité absolue. Il devait se tenir en garde contre son équipage et contre les agressions qui pouvaient venir de l'extérieur. Sa vie courait un véritable danger s'il était porteur d'un certain nombre de piastres qui sont, comme on sait, la monnaie d'argent du pays. L'équipage annamite, à de rares exceptions près, n'osera jamais attaquer un européen, à moins qu'il ne soit endormi ou dans un demi-sommeil. Deux ou trois européens voyageant ensemble ont peu de chance d'être attaqués, mais il faut toujours faire bonne garde.

COCHINCHINE FRANÇAISE

INSPECTION DE TAY-NINH

BONZERIE DE LA MONTAGNE DE DINH-BA.

7 Juillet 1869.

J'ai reçu l'hospitalité dans la bonzerie, ou maison du chef des *bonzes* de la montagne de Dinh-Ba plus connue généralement sous le nom de la montagne de Tay-Ninh.

Cette bonzerie se trouve sur le versant sud de la montagne de Dinh-Ba, au quart environ de la hauteur à partir de la base, soit 200 et quelques mètres.

Le sommet de la montagne porte 950 mètres comme cote d'altitude.

En partant de Tay-Ninh en charette à bœufs, on arrive, après 3 ou 4 heures de route vers le Nord-Est, à un endroit situé au pied de la montagne à environ 16 kilomètres de Tay-Ninh ; là existent 3 ou 4 caï-nhas, de cet endroit, un petit sentier, au milieu des rochers, monte rapidement au travers de la forêt jusqu'à la bonzerie. Cette bonzerie se compose d'une simple caï-nha située à côté d'une grotte peu profonde, fermée par un énorme bloc de roche quartzoïde surplombant un ravin de moyenne profondeur.

La description imparfaite de cette bonzerie et de cette pagode suffit pour donner une idée des bonzeries et des pagodes très simples que les Annamites ont dans la Cochinchine française.

La caï-nha de la bonzerie est une caï-nha ordinaire ; Elle se compose d'une seule pièce divisée en plusieurs compartiments.

Le plan général du bâtiment est un rectangle, au milieu de chacun des petits côtés existe une porte ; pendant tout le temps de notre séjour, ces deux portes sont toujours restées ouvertes. Ce qui joint à la contruction toute primitive des parois de la maison, fait qu'il n'y avait pas lieu de se plaindre dans cet endroit, comme dans le reste de la Cochinchine, qu'on n'avait pas assez d'air.

La bonzerie est située sur un tout petit plateau attaché au flanc de la montagne. A droite de la porte d'entrée se trouve un espace carré formé par une cloison faite avec la feuille de *Labuong*, plante qui sert également à faire les voiles des bateaux (comme nous l'avons dit). Dans ce petit espace carré se trouve un cadre rectangulaire à fond de tiges de bambous fendues, reliées avec du rotin, le tout situé à trente centimètres au-dessus du sol. Cet endroit sert d'appartement particulier à la mère du chef des bonzes. En continuant à droite, on trouve deux piliers en bois dur qui servent de colonnes de soutènement de la toiture. Ces deux piliers, espacés d'environ trois mètres, comprennent entre eux deux rideaux fermant l'entrée d'une sorte de petite chapelle. Ces rideaux se composent d'une bande verticale bleue du côté des piliers et rouge vers la partie centrale ; à la partie supérieure de chaque rideau se trouve pendu verticalement un ornement en soie ayant la forme d'un fer de lance ayant les trois couleurs : blanc, rouge, bleu.

Au milieu de la poutre horizontale qui relie les deux piliers se trouve une feuille rectangulaire de papier rouge divisée en cinq cases ; dans chacune de ces cases se trouve un petit bonhomme ou une petite bonne femme se détachant sur le fond criard de l'image or, vert, jaune, le tout est surmonté d'une sorte de tableau rectangulaire suspendu à la toiture. Ce tableau encadré de noir porte quatre grandes lettres chinoises se détachant en noir sur le fond rouge du tableau.

Devant le tout sont pendues trois grosses lanternes chinoises de forme sphérique, ayant sur leur périphérie les dessins bizarres auxquels les chinois nous ont accoutumés. Ces lanternes ne servent généralement qu'à une chose ; c'est à se consumer dès qu'on veut allumer la petite bougie qui se trouve dans l'intérieur.

Quand j'aurai dit que le long de ces deux piliers d'entrée se trouvent deux planches placées verticalement, peintes en rouge, et portant une dizaine de caractères chinois tracés en creux dans leur épaisseur et recouverts d'une peinture noire, et qu'en outre chacun des piliers porte une bande de papier jaune sur laquelle il y a également une douzaine de caractères chinois, j'aurai dit tout ce qui indique qu'on se trouve devant une petite chapelle de Boudha.

Avant d'écarter les rideaux poussons plus loin.

Le troisième compartiment à droite comprend une grande table peu élevée pouvant servir de lit de camp et un petit compartiment formé également par une cloison de feuilles de Labuong.

Ce compartiment sert d'appartement réservé au chef des Bonzes dont le lit offre le même luxe que celui dont j'ai déjà parlé. Au-dessus du lit de camp se trouvent deux faisceaux composés de feuilles de *Latranh*, dans ces faisceaux on emmanche une soixantaine de bougies ; ces bougies ont l'âme faite d'un morceau de bambou pointu autour duquel on enroule une mèche de coton ; on trempe le tout dans un bain composé d'huile de coco et de cire. Ces bougies servent pour éclairer lorsqu'on fait des repas en l'honneur de Boudha.

Nous sommes arrivés maintenant en face de la porte de sortie qui mène sur un petit terre-plein surplombant le ravin d'une dizaine de mètres. Si entrant par la porte d'entrée, je m'occupe de la partie gauche de la Caï-nha, je rencontre d'abord un grand lit de camp, une petite table longue avec deux planches pour s'asseoir de chaque côté, le tout reposant sur deux tréteaux, une fenêtre-porte à gauche et enfin un dernier lit de camp.

J'attire l'attention sur la porte-fenêtre. Elle se ferme avec cinq barreaux en bois.

Les parties inférieure et supérieure du cadre sont percées de trous dans lesquels on engage la barre avec un certain jeu, on enfonce la barre dans le trou de la partie supérieure qui est plus profond que le trou de la partie inférieure, de sorte que par son propre poids le barreau retombe dans le trou inférieur en restant engagé par sa partie supérieure dans le trou du cadre supérieur.

J'ai insisté sur cette petite description de porte-fenêtre parce que je l'ai vu souvent employer en Cochinchine et qu'elle est simple et ingénieuse.

Le sol de la Caï-nha est de terre très mal battue ; Les parois sont formées de cloisons de feuilles de cocotier reliées par du rotin ; le tout appliqué sur des cadres de bois. Elles se composent également de treillis, de bambous et de feuilles de *Labuong* ; en résumé de pièces et de morceaux.

Quant à la toiture, elle est faite de deux pans terminés à chaque extrémité par deux petits pans et recouverts de feuilles de *Latranh* ressemblant assez à une sorte de paille. Les chevrons et les pannes sont composés de bois divers de la montagne. Cette case est en résumé un des types des cases peu aisées de Cochinchine. J'oubliais de dire qu'il faut se baisser un peu pour sortir, la toiture se prolongeant à

1 m. 50 au-dessus du sol, afin de garantir l'intérieur des rafales de pluies.

Si on écarte le rideau qui cache le sanctuaire, on se trouve en face d'un petit autel assez misérable ; l'autel se compose de deux tablettes, la première couverte d'une cotonnade rouge et bleue, supporte un petit vase en terre cuite peint en bleu dans lequel on brûle les baguettes à Boudha. Derrière ce vase se trouve un petit trépied en bois travaillé supportant une petite tablette couverte d'un papier jaune portant probablement les noms et qualités de Boudha ; au pied de cette tablette se trouve une petite tasse en porcelaine vulgaire de Chine, laquelle sert à contenir de l'eau lorsqu'on fait des repas à Boudha.

A un niveau un peu supérieur est la grande tablette servant d'autel à Boudha ; en commençant par la droite je trouve un chandelier en bois tourné contenant une bougie en cire vierge, un support en bois pour les tasses, un petit vase en bronze avec couvercle pour mettre du feu, un grand vase en bronze avec une espèce de lion à la gueule béante, c'est la pièce principale de l'autel, un porte-baguette, contenant des baguettes en bronze. Une boite en bois contenant un petit pot cylindrique pour mettre du tabac (en porcelaine de Chine), une boite rectangulaire pour bétel, enfin le second chandelier faisant le pendant avec le premier ; derrière, se trouve un support cylindrique en bois soutenant une veilleuse qu'on allume toute la nuit ; derrière un pot en porcelaine commune contenant du sable pour mettre des baguettes à Boudha. Sur la dernière ligne en commençant par la droite, une boite en bois laqué pour mettre les tasses, un petit plateau contenant quatre tasses ; deux plateaux verticaux en bois dorés présentant les lettres sur fond doré du nom de Boudha. Enfin une sorte de cloche en bronze très clair servant de timbre. Cette cloche a la forme d'une demi sphère, on tappe dessus avec un morceau de bois entouré de coton. Dans le fond de l'autel, à droite et à gauche se trouve une bande verticale de papier rouge avec des caractères chinois et une espèce d'oriflamme portant des caractères noirs sur fond blanc. Sous l'autel se trouve une espèce d'appareil en bois creux ayant la forme d'une noix de coco surmontée d'une anse ; le tout semblant fait d'une seule pièce et fendu dans sa partie inférieure. Cet appareil sert de Tamtam. Au-dessus de l'autel sur une petite table se trouve une planchette portant le nom de Boudha et deux chandeliers en terre cuite peints en vert.

La pagode de Boudha se trouve à quelques pas de la sortie de la maison du chef des bonzes. Il existe devant, un petit espace demi-circulaire de deux mètres environ de rayon surplombant le ravin situé à quelques mètres plus bas. La pagode, comme je l'ai dit, est sous la face plane d'un bloc de roche granitoïde. Extérieurement et à l'entrée se trouvent trois lanternes chinoises ; une sorte de petit autel extérieur ayant la forme d'une boîte rectangulaire, un vase au milieu avec du sable pour planter des baguettes à Boudha, une petite tasse avec sa soucoupe, une veilleuse en terre cuite, un timbre en bronze avec son maillet, deux chevaux avec des colliers de grelots, harnachés sellés et bridés, tout prêts à prendre le galop.... s'ils étaient en chair et en os au lieu d'être en carton peint. Cette petite boîte en bois est surmontée à droite et à gauche de deux parasols en papier, le squelette de ces parasols est fait de petits morceaux de bambous reliés avec des fils de soie formant un réseau assez élégant. Un grand tableau à fond rouge rectangulaire portant quatre lettres chinoises dorées et ayant le cadre ornementé de quelques dorures, surmonte la caisse ; au-dessous, entre lui et la caisse, se trouve un tapis rouge portant des dessins bizarres. A droite et à gauche de la caisse attachée à des plateaux en bois, sont deux grandes planches peintes en rouge portant chacune une tige de bambou surmontée de lettres chinoises creusées dans le bois.

Rien à dire de la porte d'entrée de la grotte aussi simple que possible.

Dans le fond de la grotte se trouve l'autel principal de Boudha, qui se compose d'une table supportant une niche en bois doré dans laquelle se trouve la statue en bois doré accroupie de Boudha (femme).

Devant, se trouvent un porte-cigarettes et une jolie boîte en nacre, ronde, avec un couvercle ; le tout repose sur un cadre en bois travaillé à jour, lequel supporte à un de ses angles le porte-cigarettes dont j'ai parlé tout à l'heure ; devant cette boîte, se trouve un éventail entouré d'un espèce de mouchoir rouge.

A droite et à gauche sont deux petits pots de fleurs.

En dehors de la niche et devant, se trouve un petit trépied supportant une petite soucoupe avec trois tasses pour le thé.

En regardant la niche et se plaçant devant l'autel, on a un chandelier en bronze avec cierge en cire, un petit chandelier, un support de tasses avec une soucoupe et une tasse à thé, une boîte à bétel en bois ordinaire, un pot en faïence contenant sable et baguettes à Boudha.

Tout ceci se trouve devant la statue en pierre dorée accroupie de Boudha.

Boudha est coiffé d'une sorte de casque prussien avec une petite couronne à la base.

Du côté gauche une statue de femme en bois doré.

A droite et à gauche sont un plateau en bronze servant de tam-tam, et une demi-sphère creuse en bronze servant de tam-tam également. Devant cet autel se trouve une statue aux dimensions plus considérables de Boudha, la statue a de grosses joues, elle est accroupie et a des tresses de cheveux noirs.

Enfin, devant elle, sur une table, à un niveau inférieur, se trouvent trois Boudhas. Ils sont placés debout. Celui du milieu a l'index de la main gauche levé, il a une sorte de calotte bleue, les deux autres ont les mains jointes. A côté d'eux sont quatre petites statuettes accroupies. Devant, il y a une soucoupe et sa tasse sur son pied, quatre chandeliers en bronze, un support pour mettre des baguettes à Boudha.

On descend deux marches et on se trouve à la chapelle ordinaire.

L'autel se compose d'une sorte de caisse ouverte par en haut, le devant de cette caisse, à droite et à gauche, porte une planche peinte en rouge avec caractères dorés comme nous l'avons vu plusieurs fois.

Sur la table, se trouve un tam-tam en bois creux commun ornementé d'or, (celui dont j'ai déjà parlé est un autre tam-tam en bronze demisphérique un peu plus petit).

Le fond de la caisse représente cinq personnages religieux en carton peint; ce fond a, comme objets d'ornementation, de petits objets en feuilles de cuivre très minces, ayant la forme de fers de lance. Ces petits objets ressemblent à des petites chapelles avec des personnages dans les niches de ces chapelles.

Au bas de la caisse et pendant jusqu'à terre se trouve un drap rouge à ornements d'or.

Enfin, en revenant jusqu'à l'entrée de la grotte, on trouve un Boudha, petite statuette de trente centimètres de hauteur, représentant un personnage debout avec un glaive, sur le pommeau duquel il appuie la main droite, tandis que d'autre part sa main gauche, avec laquelle il repousse sa ceinture et son ventre balonné, lui donne l'air d'un soldat qui a trop mangé et qui a de la peine à boucler son ceinturon; à la gauche de ce personnage estimable, se trouve un petit diablotin en bois noir avec des petits bras mobiles; un oriflamme en papier à la main, le tout reposant sur une sorte d'ananas découpé.

A la droite du personnage se trouvent des baguettes à Boudah. A droite de cet autel, une provision de baguettes de Boudha ; à gauche, un tambourin muni de sa peau, surmonté d'une clochette.

La longueur totale de la chapelle est d'une dizaine de mètres sur quatres environ de largeur.

A droite et à gauche, sur les bas côtés, sont quelques petites statuettes sans valeur et quelques papiers à Boudha ornementés sur des supports en terre.

Note A : MARCHÉ DE SAIGON.

Objets principaux se trouvant dans l'étalage d'une marchande annamite.

1. Côt bang : petits grains de farine de riz de provenance chinoise 0,40 le kilog.
2. Dâu trang : petits haricots blancs de provenance annamite, grosseur *double zéro du plomb de chasse* .... 0,30 —
3. Tui : grains de poivre noir .... 1,00 —
4. Mang : jets de bambous séchés au soleil en petites fibres, longueur 0^{m}15............ 0,25 —
5. Dâu Xanh : pois verts annamites, sont petits comme des grains de poivre............ 0,30 —
6. Nam moc : champignons chinois très minces, desséchés au soleil de couleur noirâtre, ayant l'aspect d'un morceau de cuir racorni............ 1,20 —
7. Dau don : haricots noirs, grosseur (*double zéro du plomb de chasse*)............ 0,20 —
8. Mè den : graines de sésame noire, servent à saupoudrer les crêpes annamites, servent également à assaisonner le riz blanc. 0,20 —
9. Côt Khoai : sorte de patates annamites 0,60
10. Cao : graisse jaune vient de Chine............ 0,40 les 100 gr.
11. Bot-Loc : farine en grumeau ressemblant à de l'empois, sert à faire des gateaux .... 0,60 le kilog.
12. Duong Cao trang : sucre cassonnade annamite............ 0,40 —
13. Duong phèn : sucre annamite............ 0,60 —

14 Cunghe : racine légumineuse jaune, donne la couleur jaune du carri, appelé safran à Bourbon.................... 1,00 —
15 Giay bong : papier pour Boudha avec lequel on taille des facsimilés de chemises, l'un des paquets est rouge, l'autre est jaune..............
16 Giay hut thuôt : papier blanc à cigarette..................... 1,25 une main.
17 Giay Thanh : papier avec lequel on fait des chemises, des chapeaux en papier, des souliers .... 0,15 les 4 paq.
18 Giay vang bac : papier à or et à argent en petits paquets..... 2,00 les gros p.

Dans une deuxième boutique on trouve :

19 Nhan Con : paquet de baguettes à Boudha .... 0,25 le paquet.
20 Nhan nho : petits paquets de baguettes .... 0,15 —
21 Viêc : pinceau annamite, manche en bambou, bout en poil de chat..................
22 Phao : pétards chinois.................. 0,20 —
23 Chi dò : écheveau de soie annamite rouge.................. 0,80 —
24 Chi xanh : écheveau soie verte.................. 0,80 —
25 Chi trang : écheveau de soie blanche.................. 0,80 —
26 Sap : Cire vierge.................. 1,20 les 100 gr.
27 Guoc : peigne chinois en bambou.................. 0 10
28 Cauh-trang : Crêpe annamite faite avec de la farine .... 0,10 la douzaine
29 Cai-loi : sable pour laver la tête, vient de Hué............. 0,10 le kilog.
30 Cao Mut : sorte de résine chinoise en petits cubes, sert pour les coupures, on la met en poudre et on la trempe dans l'eau 0,03 le cube.
31 Dun an c'om : baguettes dorées de Boudha pour manger du riz.................. 0,10 20 baguett.
32 Phèn-trang : sel d'alun, sert à aigrir la substance avec laquelle il est mis en contact .... 1,00 le kilog.
33 Mi : sorte riz en baguette translucide..................... 0,80 —
34 Daudra : huile de coco .... 0,80 le litre
35 Atom dou : Mèches pour veilleuses, sont faites avec une herbe, sont comme de la moëlle du sureau, une mèche dure une nuit 0,80 12 paquets
36 Gia dau : pois blanc.................. 0,05 le kilog.
37 Cu toi : ail chinois.................. 0,05 le paquet.
38 Cao tho : noix d'arec sèche .... 1,00 le kilog.
39 Cao Xac : noix d'arec sèche avec son écorce .... 1,00 —
40 Voi Xiem : petit pot de chaux à bétel coloré rouge, fait à Cholon 0,40 12 pots
41 Oi moi : petit pot chinois contenant une sorte de confiture... 0,50 12 pots.
42 Don chai : torches en résine pointes avec l'écorce de l'arbre Cai-tam.................. 0,60 12 torches
43 Duong den : sucre en poudre coagulé..................
44 Vi : graine chinoise ayant l'odeur de l'anis.................. 0,30 les 5 gr.
45 Nam can mult : os de sèche (chinois).................. 0,20 le kilog
46 Arau : bétel .... 1,00 le panier.

47 Hông : figue sèche chinoise.................................... 1,00 les 60
48 Khoai duin : sorte de patate rouge............................ 1,00 les 4 kil.
49 Koai : sorte de patate blanche................................. 0,60 les 4 kil.
50 Koai lang : sorte de patate sucrée .... 1,00 les 5 kil.
51 Sa : herbe employée par les malabars pour faire le carri ..... 0,20 100 pieds.
52 Caï-bé : choux annamite.. 0,03 3 pieds.
53 Câu O : persil annamite.. 0.10 100 pieds.
54 La bang : feuille de patate .... 0,05 100 pieds.
55 Cam : orange... 2,00 la douz.
56 Quit : mandarine .... 0,75 la douz.
57 Rao giên : oseille annamite.................................... 0,10 100 pieds.
58 Voquit : pot de mandarine, sert de médicament................. 1,00 le litre.
59 Althan than : vermicelle chinois............................... 1,00 le kilog.
60 Oqua : légume amer couvert de petites asperités, mangé cuit... 0,15 la douz.
61 Hot duong : graine de citrouille............................... 0,20 les 20 gr.
62 Cu-Cai : radis blanc annamite .... 0,15 la douz.
63 By : citrouille.. 0,40 les 4.
64 Hanh : petits oignons.. 0,60 100 pieds
65 Dua chuot : concombre .... 0,30 la douz.
66 Comtam : Chevrettes chinoises séchées au soleil............... 1,00 le kilog.
67 Ahang : charbon de bois .... 2,00 24 kilog.
68 Tao si : petit fruit chinois................................... 1,00 100 gr.
69 Truong : litchis tuberculeux séchés au soleil (chinois)........ 1,50 le kilog.
70 Vai trai : litchis lisses séchés au soleil .... 1,00 le kilog.
71 Phao : gros pétards chinois .... 0,30 la douz.
72 Cai mui : choux salé chinois crû............................... 0,50 le litre.
73 Nao : raisin sec chinois....................................... 1,50 le litre.
74 Tra Cong : tige de thé chinois................................. 1.40 le kilog.

Toutes ces denrées alimentaires sont cotées à des prix qui sont évidemment des maxima. Les annamites comme les chinois, et en général comme presque toutes les races orientales et comme quelques races occidentales du reste sont excessivement méfiants. Ils ne répondent jamais directement à une question à moins qu'ils n'y soient forcés et contraints. Ces prix ont été recueillis au marché de Saïgon pendant le mois de décembre 1869.

La question du Tonquin.

Je désire en terminant dire quelques mots d'une question qui est vitale pour notre colonie de Cochinchine, je veux parler de la question de Tonquin.

Si vous examinez la carte de l'Indo-Chine orientale, dressée par M Dutreuil de Rhins, vous voyez que la Cochinchine française termine au sud la presqu'île de l'Indo-Chine.

Le royaume d'Annam se composait de trois parties :

La Basse-Cochinchine ou Nam-Ki qui forme actuellement la Cochinchine française au sud.

L'Annam proprement dit ou Cochinchine Annamite qui forme une longue bande de terrain longeant la mer de Chine et s'étendant depuis la province de Baria, partie est de la Cochinchine française, par le 10me 1/2 parallèle jusqu'au golfe du Tonquin par le 20me parallèle environ. Le pays d'Annam boisé et montueux appartient à l'Empereur d'Annam qui réside à Hué sa capitale.

Enfin le Tonquin qui est sous la suzeraineté de l'Empereur d'Annam, et qui s'étend jusqu'au Yunnan et au Kouang-Si qui sont les provinces frontières de la Chine de ce côté.

Le Tonquin est traversé et arrosé par plusieurs fleuves notamment par le fleuve rouge magnifique cours d'eau qui vient de la province du Yunnam en Chine, arrose et fertilise le Tonquin et sert de voie de communication navigable, tout au moins pour les navires d'un faible tirant d'eau, comme l'a démontré d'une façon triomphante M. Dupuis, le grand explorateur du Tonquin.

Le Tonquin est un pays des plus fertiles et des plus peuplés. Il s'y fait une production de riz considérable, on y cultive le tabac, le café, la canne à sucre, l'Indigo etc.

Ce pays est essentiellement agricole.

Les montagnes du Tonquin contiennent des richesses considérables en mines de toutes sortes. Le pays y est, relativement à la Cochinchine assez salubre. La population du Tonquin est douce et nous est très sympathique. — Ce pays est malheureusement pressuré par les Mandarins Annamites de la Cour de Hué dont la tyrannie dépasse tout ce qu'on peut imaginer. — Nous devrions occuper ce pays depuis dix ans. Quand je pense que 188 soldats d'Infanterie de marine et marins commandés par le lieutenant de vaisseau Francis Garnier envoyé par le gouvernement français pour assister M. Dupuis, ont pris ce pays de quinze millions d'habitants, et qu'on a laissé perdre cette conquête après la mort du malheureux Garnier assassiné par une poignée de rebelles Chinois, je suis frappé de douleur pour la façon dont nos affaires ont été menées à l'étranger.

L'Empereur d'Annam nous a, par des traités, ouvert le Tonquin, mais ces traités ne sont pas exécutés. On ne peut compter sur aucune bonne foi de la part des Mandarins Annamites.

L'intérêt de l'occupation ou d'un Protectorat effectif du Tonquin est multiple :

Premièrement : Le Tonquin est un pays riche qui produit beaucoup de riz et qui peut facilement doubler sa production, d'où résultera un commerce considérable d'exportation. Actuellement et pour cause le cultivateur Tonquinois ne produit que le strict nécessaire, car, s'il produit davantage, il est dépouillé par le Mandarin de son superflu. — Pour donner une idée de la façon dont la tyrannie des Mandarins s'exerce dans ce pays, je citerai un exemple entre mille. Tout le monde connaît ces coffrets et ces meubles Tonquinois incrustés de nacre. On en fait en Cochinchine, mais les Tonquinois sont beaucoup plus habiles que les Cochinchinois. Quand un ouvrier, qui fabrique ces incrustations un peu en cachette, est habile, il est bien vite dénoncé aux Mandarins, qui le nomment : « Ouvrier de l'Empereur » c'est-à-dire qui le font travailler pour l'Empereur, en lui donnant une rémunération dérisoire, vous comprenez que cela incite peu les ouvriers à devenir habiles.

J'ai dit plus haut comment les choses se passent pour les agriculteurs, etc.

Deuxièmement : Les richesses minières du Tonquin sont considérables, au dire des missionnaires que j'ai connus et qui sont dignes de foi, comme Mgr Gauthier, Provicaire-Général au Tonquin, où il a exercé son ministère pendant 28 années ; il est mort actuellement ; Mgr Croc, Provicaire-Général, actuellement encore au Tonquin.

Quand ces deux considérations seraient les seules à exister, elles suffiraient, la première surtout, à établir un protectorat effectif sur le Tonquin.

Des trois pays : la Cochinchine française, l'Annam proprement dit et le Tonquin, deux sont des pays producteurs de riz : la Cochinchine française et le Tonquin, qui nourrissent le troisième, la Cochinchine annamite ou Annam proprement dit. Quand nous posséderons les deux greniers d'abondance de la Cochinchine annamite, en ayant le Tonquin et la Cochinchine française, il faudra bien que l'empereur d'Annam compte avec nous et ait une ligne de conduite nette et droite. Nous aurons ainsi assuré la sécurité pour notre colonie de Cochinchine et pour le Tonquin. Nous serons maîtres alors (on peut bien le dire) de la Cochinchine française, de la Cochinchine annamite par un protectorat ou autrement, et enfin du Tonquin.

Nous exerçons actuellement un protectorat effectif sur le Cambodge dont le roi Norodon a d'excellents rapports avec nous. Le roi Norodon n'ayant pas d'héritier direct, le Cambodge sera probablement annexé à la Cochinchine à la mort de Norodon, ou s'il ne l'est pas, il sera, en tout cas, complétement entre nos mains. — Quant aux principautés Laotiennes du 13º au 22º parallèle, nous étendrons peu à peu notre influence sur ces immenses contrées habitées par des populations qui ne demandent qu'un protectorat honnête et doux comme serait celui de la France. Nous aurons à nous entendre avec le gouvernement de Siam pour celles des tribus Laotiennes qui sont sous sa dépendance nominale. — Nous aurons donc ainsi tout un immense pays compris entre le 99º degré de longitude Est et le 107º, et entre le 9º parallèle et le 22º environ.

Nous aurons dans la Cochinchine française et surtout dans le Tonquin un commerce considérable d'exportation.

Nous aurons, en outre, le commerce d'exportation de la France : les étoffes, certains vins, le vin de champagne notamment, etc., les machines pour les industries de toutes sortes à créer au Tonquin, etc.

Enfin il y a un aliment de commerce d'une importance exceptionnelle. C'est le fleuve rouge, c'est cette magnifique voie de communication qui relie le centre de la Chine avec le golfe du Tonquin. C'est là la grande découverte de M. Dupuis, découverte qui fait que nous pouvons dire de lui que c'est un Français qui a bien mérité de son pays. M. Dupuis a mis en évidence, comme nous l'avons dit plus haut, la navigabilité du fleuve rouge, tout au moins pour des navires d'un faible tirant d'eau. — Ce point est capital ; car ici, je ne crains pas de le dire, c'est par millions qu'il faut compter les produits qui pourront passer par le fleuve rouge. Le commerce de la Chine, des provinces les plus riches de ce magnifique pays, se fait par le grand fleuve qui traverse la Chine et qui va amener les produits de ces provinces au port de Shang-Haï, après qu'elles ont parcouru plusieurs centaines de lieues sur le susdit fleuve. Le Fleuve rouge pénètre au cœur même de la Chine, et c'est une grande partie du commerce qui se fait actuellement par Shang-Haï qui sera détourné de cette voie et qui se fera par le Fleuve rouge, avec un parcours trois ou quatre fois moins considérable. Voilà l'immense source de richesse du Tonquin.

Nous avons une occasion unique d'avoir un magnifique pays très peuplé et d'une richesse exceptionnelle. Nous avons par l'annexion ou le protectorat du Tonquin assuré la création du grand royaume de plus de quarante millions d'habitants dont je viens de parler.

Nous aurons la certitude que tous les sacrifices en argent et en hommes que nous a coûtés notre colonie de la Cochinchine ne seront pas perdus: que ne seront pas morts inutilement les Doudart de Lagrée, les Garnier, les De Carné etc, les amiraux de la Grandière, Ohier, Dupré, etc., les officiers et fonctionnaires divers par containes, les soldats et marins par milliers ! car notre colonie de Cochinchine a coûté bien cher à la Mère Patrie !

Il y a, en dernier lieu, tant d'éléments dans notre pays à utiliser pour la colonisation, tant d'éléments qui, détournés de leur voie naturelle et résorbés dans la Mère-Patrie sont, au contraire, des ferments de dissolution et de mort. Où peut-on mieux les utiliser que dans l'Extrême Orient ?

Que dirai-je de plus ? Et quelle objection pourrait-on formuler ?

Connaissent les orientaux comme je les connais, il n'y a qu'à agir avec promptitude et avec fermeté et qu'à détruire les bandes de rebelles que le gouvernement Chinois et le gouvernement Annamite lanceront contre nous, si ces gouvernements nous voient tergiversants et hésitants. Mais pour l'amour de notre pays, agissons le plus tôt possible, ne laissons pas s'échapper une nouvelle fois, peut-être pour toujours, cette occasion de créer dans l'Extrême Orient une grande colonie des nouvelles Indes Orientales.

Paris, Avril 1883.

A. PETITON.

Contraste insuffisant
NF Z 43-120-14